校园欺凌
亲友离世
自毁自伤　　　逃学厌学
留守儿童
　　　失眠　抑郁焦虑
叛逆　校园欺凌
　　　逃学厌学　注意力不集中
注意力不集中　性早熟
单亲　亲友离世　学习焦虑
留守儿童　青春期
自毁自伤

心理·疗愈

中小学生的心灵捕手

中小学心理辅导110问

主　编　王雅　冯荫
副主编　闫芳　乔翠翠　李宁

广东科技出版社
南方传媒　全国优秀出版社

·广州·

图书在版编目（CIP）数据

中小学生的心灵捕手：中小学心理辅导110问 / 王雅，冯荫主编． -- 广州：广东科技出版社，2024. 11（2025.4重印）．
ISBN 978-7-5359-8362-6

Ⅰ．G444-44

中国国家版本馆CIP数据核字第2024FH0301号

中小学生的心灵捕手：中小学心理辅导110问
Zhongxiaoxuesheng de Xinling Bushou：Zhongxiaoxue Xinli Fudao 110 Wen

出 版 人：	严奉强
项目统筹：	颜展敏
责任编辑：	李　婷
装帧设计：	友间文化
责任校对：	曾乐慧　李云柯
责任印制：	彭海波
出版发行：	广东科技出版社
	（广州市环市东路水荫路11号　邮政编码：510075）
销售热线：	020-37607413
	https://www.gdstp.com.cn
	E-mail：gdkjbw@nfcb.com.cn
经　　销：	广东新华发行集团股份有限公司
印　　刷：	广州市东盛彩印有限公司
	（广州市增城区新塘镇上邵村第四社企岗厂房A1　邮政编码：510700）
规　　格：	787 mm×1092 mm　1/16　印张14.5　字数290千
版　　次：	2024年11月第1版
	2025年4月第2次印刷
定　　价：	69.00元

如发现因印装质量问题影响阅读，请与广东科技出版社印制室联系调换（电话：020-37607272）。

编委会

主　　编：王　雅　冯　荫

副 主 编：闫　芳　乔翠翠　李　宁

编委会成员：

（按姓氏音序排列）

陈银欢　洪洁州　林红丽　鲁　洁　翁卓祺　谢晓燕

策　　划：安　夏

专业审读：洪洁州

作者简介

★ 主编　王雅

高级教师、博士研究生、国家二级心理咨询师、国家亲子沟通培训师、华南师范大学大学生实践导师、中山市心理与健康教育指导中心成员、中山市心理卫生协会理事儿童青少年专委会常委以及中山市教育学会学校心理委员会副理事长，现任中山市中等专业学校德育处副主任。

参与编写出版教材和专著4本，发表论文16篇，曾获广东省第二届中小学心理教师专业能力大赛一等奖及"个体辅导方案"设计单项最佳奖等市级以上心育教科研奖40余项。主持参与市级以上课题5项、市级精品课程7项。曾在省级、市级经验介绍及专题培训近百场，2018年带领团队使所在学校被评为广东省中小学心理健康教育特色学校。

★ 主编　冯荫

曾就职于特殊教育学校任特殊教育教师，目前任职于佛山市顺德区伦教北海小学专职心理教师，拥有特殊教育和心理健康教育双重教育背景。有自己成熟的辅导与授课风格。

★ **副主编　闫芳**

　　烟台经济技术开发区高级中学的专职心理教师，曾获山东省心理教师基本功大赛二等奖，多次获省、市级优质课一、二等奖，主持开发的《预见未来》高中生涯规划校本课程获评山东省高中校本课程优秀案例。

★ **副主编　乔翠翠**

　　初中心理教师、国家二级心理咨询师、青少年生涯规划指导师、NCDA 职业发展指导师、家庭教育指导师，曾获省级优质课二等奖、市级优质课一等奖，市级"教学能手"荣誉称号。曾独立设计、实施《青春期性教育系列》《学习心理系列》《初中生涯教育系列》等校本课程。

★ **副主编　李宁**

　　新疆克拉玛依市北师大克拉玛依附属学校心理老师、家校合育主管，本硕均毕业于北京师范大学心理学部。先后参加过中国心理学会临床注册系统一年制的危机干预人才培训项目、一年制系统式家庭治疗培训项目、两年制的认知行为疗法项目及个体督导和团体督导等。

★ **编委会成员　陈银欢**

　　广东江门市实验小学专职心理教师，江门市心理健康教育兼职教研员，蓬江区教育系统危机干预小组副组长，蓬江区家庭教育指导团讲师。曾先后获蓬江区"优秀教师""蓬江区名教师"、首批"蓬江教育人才"等荣誉称号。曾获广东省心理健康活动课小学组二等奖，广东省第一届心理教师专业技能大赛小学组一等奖。主持广东省教育科学规划课题和市心理健康规划课题，心育成果荣获广东省中小学心理健康活动成果三等奖。撰写的心理教育教学论文先后获国家级、省市级奖项逾20篇。

★ 编委会成员兼专业审读　洪洁州

心理老师成长联盟的联合创始人，曾开发过《知你知我》心理桌游、心理学理论速查工具包、心理畅销书《团体心理游戏256例》等产品；独立主持并完成两项省级课题并获市级教育成果奖。在学校心理健康教育领域，有丰富的实践和指导经验。

★ 编委会成员　林红丽

浙江省丽水市实验学校心理教师、初中部教科处主任，《中小学心理健康教育》期刊封面人物，国家二级心理咨询师，省心理健康教育A证教师，市德育带头人，市心理健康教育先进个人，市青联委员。曾获省心理教师专业技能大赛二等奖、市优质课一等奖，一师一优课省级优课；主持参与省市课题10余项并获一、二等奖；发表论文40多篇。

★ 编委会成员　鲁洁

四川省眉山市东坡区苏辙小学专职心理教师，同时兼任东坡区心理健康教育教研员、市中小学心理健康教育学科中心组组长、四川省教育学会德育与心理健康教育分会理事。参与多项省市级课题研究，多篇论文获省市一等奖。指导青年教师参加各级赛课，获得省市一、二等奖。所在学校被评为市级中小学心理健康教育特色学校，所在地区被评为四川省首批中小学心理健康教育引领区。曾获区级优秀学科教师、市级教育系统先进个人、市级青年五四奖章等荣誉称号。

★ **编委会成员　翁卓祺**

完全中学专职心理教师、国家三级心理咨询师、中级社会工作师。曾任教育部华中师范大学心理援助热线接线员，累计个案时长近2000小时。曾获省级教学能力大赛心理健康教育学科初中组一等奖、心理健康教育优秀成果评选二等奖。

★ **编委会成员　谢晓燕**

小学专职心理教师、国家二级心理咨询师、市级中小学心理健康教育中心组成员，曾获市级心理教师专业技能大赛特等奖、广东省校园心理剧一等奖、微课获教育部三等奖。

★ **策划　安夏**

心理老师成长联盟的创办人，校园安全责任风险管理专家讲师。心理人的100种职业可能性、心理创业／自媒体交流社群主理人，也是本书的策划人。曾策划出版畅销书《团体心理游戏256例》，多次受教育局邀请为中小学校长、心理老师，提供学校心理工作相关法律风险应对的讲座。熟悉各地教育部门、学校的心理工作模式，对其中的痛点难点和解决方案有深刻的理解和丰富的实操指导经验。

做中小学生心理健康的守护者

感谢李婷编辑邀请我为《中小学生的心灵捕手》和《心理老师的解忧杂货铺》两本书写序。我感觉这两本书是姊妹书，其核心都是从心理的角度来阐述如何帮助儿童或青少年，以促进他们健康快乐地成长。

我也是一名心理学工作者，长期从事家庭咨询和家庭心理咨询师的培训工作，期间会接触到很多的儿童或青少年，深知解决他们心理问题的不易与艰辛。我也曾经在学校与老师和家长做过很多次以"解决儿童或青少年心理问题"为主题的讲座与工作坊，了解到孩子们在学校遇到的心理困境，以及学校领导、班主任、心理老师、科任老师和家长在应对孩子们心理问题上遇到的挑战。

儿童或青少年在学校呈现的心理问题，有着非常复杂的原因与背景。一个孩子的成长，通常与他经历的家庭环境、学校环境、社区环境和社会环境有关，因此孩子的心理问题需要从系统性和整体性方面入手才能得到有效解决，通常需要学校领导、班主任、心理老师、科任老师和家长的共同参与，而这些资源的整合与利用，则离不开学校心理老师的作用与努力。《中小学生的心灵捕手》和《心理老师的解忧杂货铺》的出版，无疑为综合解决中小学阶段孩子的心理问题提供了非常好的解决方案，也为学校领导、班主任、心理老师、科任老师以及家长提供了新的视角和思路。

《中小学生的心灵捕手》主要从如何解决当下中小学生的心理问题入手，分别从中小学生心理健康的研究现状，再到对他们心理问题的研究进展以及本书作者们在学校心理咨询第一线积累的大量的咨询与干预经验，总结出来很多实用、有效以及处理孩子心理问题的干预心得与实践经验，这些探索和思考在中小学生心理问题突显的当下显得弥足珍贵。

而《心理老师的解忧杂货铺》一书，可以作为中小学心理老师或心理健康教育工作者的从业指南。本书几乎涵盖了这个领域的方方面面，从职业规划到工作方向，从职业伦理到工作边界，从个体、团体咨询到心理危机干预，可谓是中小学心理健康从业者的一个小型百科全书。由于本书作者都是工作在中小学心理教学与服务的第一线，所以他们总结出来的经验与体会尤为实用和宝贵。

两本书的作者都是长期在中小学心理健康领域里从事教学与咨询的一线工作者，对他们为中小学生的心理健康教育与服务工作所做的努力与付出表示敬意与钦佩。

相信这两本书的出版，能够带来对如何更加有效地干预中小学生心理问题的关注与探讨，以及对如何促进中小学心理健康教育与服务更多的思考与探索。

中国心理卫生协会注册督导师

中国心理学会注册督导师

广州沈家宏心理家庭治疗师

沈家宏

2024年7月

▶▶▶ 做能读懂学生心理的班主任

感谢广东科技出版社邀请我为《中小学生的心灵捕手》这本书写推荐序。

我是张玉石，广东省佛山市桂城一中的教师发展中心主任兼班主任，广东省名班主任工作室主持人。但同时，我更是一名懂心理的班主任。

作为一名长期在教育一线工作的班主任，我深知中小学生心理健康的重要性。在这个快速发展的时代，孩子们面临着前所未有的学业挑战和心理压力，远超我们这一代人的经验范畴。作为家长，我们有责任帮助他们建立健康的心理状态，培养他们成为自信、乐观、有韧性的个体。作为班主任和心理老师，我也深知成为孩子们的心灵捕手，捕捉他们向上而生的勇气和力量的重要性。然而，我们常常困惑于如何能够真正走进孩子的内心世界，倾听孩子的声音，理解他们的需求，如何在他们遇到困难时给予恰当的支持和引导。《中小学生的心灵捕手》这本书，正是我们寻求答案的宝典。

我强烈推荐这本书给所有的家长和老师们。无论你的孩子或学生处于哪个成长阶段，这本书都能为您提供帮助和启发。无论是面对学生的焦虑、抑郁，还是学习动力不足，我们都能从中找到解决问题的钥匙。书中以问答形式，针对不同年龄段可能遇到的各类心理问题，提供了许多具体可行、实用的教学技巧和心理辅导方法，为我们解答了如何识别和处理学生的情绪问题、行为问题以及学习障碍等，这些"干货"能让我们在面对学生的不同需求时，能够快速抓住重点，游刃有余。

在阅读这本书的过程中，我被作者们的专业精神和敬业态度深深打动。这些问题和答案，都是由一线心理教师根据自己的实践经验总结而来，每个案例都是曾经发生过的真实事件。任何一件，对家长和老师来说，都是难以直面的挑战。但这本书为我们打开了一扇窗，让我们得以窥见如今的孩子们那些丰富而复杂的内心世界。我深信，每一位教育工作者都能从这本书中获得宝贵的知识和灵感。它不仅能帮助我们更好地理解学生，更能帮助我们成为学生成长道路上的引路人。

而更重要的是，这些创作者同时也是一线优秀的心理老师，他们对学生心理的细腻洞察，能够将难懂的心理理论与教学实践相结合，提供了大量具体且可操作的方法和建议。这些内容对于我们这些在教育一线的班主任和心理老师来说，无疑是最宝贵的财富。

教育是一场温暖的修行，我们每一位家长和班主任，都是这场修行中的行者。作为家长，我们需要不断地学习和自我提升，用更加科学和理性的方式去爱我们的孩子。作为班主任，我们要做会读懂孩子心理的班主任。愿这本书能成为您教育旅途中的一盏明灯，照亮您前行的道路，让您在教育的田野上成为更好的自己，播种希望并收获成长。让我们一起努力，成为中小学生心理健康的守护者。

广东省名班主任工作室主持人

佛山市桂城一中教师发展中心主任

张玉石

2024年7月

我想成为光，因为有怕黑的人

在这个充满挑战的时代，儿童青少年比以往任何时候都更需要心理健康的支持。我想成为那束光，照亮他们成长路上的阴影。

两个故事

我回忆起两个深刻影响我的故事。

第一件事情发生在十多年前的一个晚上，我作为一名实习心理老师，正独自坐在高中的心理咨询室里。在我以为今晚不会有人来访时，一名学生突然出现在咨询室门口。他站在门口，拳头紧握得指节发白，眉头紧锁如同暴风雨前的乌云，嘴唇紧抿，似乎在努力抑制着内心的澎湃。当时我在心理咨询方面的经验尚浅，看到他时，我感到些许手足无措。然而，我能感受到他的痛苦此刻需要释放。于是我邀请他到辅导室里，展开了一次深入的对话。

他是一名高一的新生，远离家乡的孤独感让他倍感压力，他的眼中透露出对新环境的迷茫和不安。在谈话过程中，他的声音颤抖着，带着哭腔，尽管他努力抑制，但泪水还是不由自主地沿着脸颊滑落。

那时，我对心理辅导的技巧如同一张白纸，充满了未知和疑问。此时，我脑海中唯一浮现的是空椅子技术。我尝试运用这一技巧，帮助他从不同角度理解自己的需求和情感。我们坚信，当一个人内心深处的渴望和情感被真正看见，他们便能激发出如凤凰涅槃般的重生之力。"看见"具有无比强大的力量，"被看见"则能治愈许多创伤。

这件事已经过去15年了，但这个故事始终在我脑海中盘旋，因为它不仅是他的故事，也是我曾经的写照。

那年我刚读大一，同样面对陌生的环境，那种仿佛融不进这个世界的陌生感、距离感，让我几乎每天晚上都偷偷哭泣。幸运的是，大学入学时的一项心理普查，虽在当时看来只是一场例行公事的问卷调查，却无意中成为了我生命转折的契机。一封来自学校心理咨询中心的信件邀请我去心理辅导室一见，那份懵懂中的赴约，开启了我人生的全新篇章。

在辅导室，我如同那名高一学生一样，尽管我努力抑制，泪水却不听使唤地滑落，倾诉着自己的困扰与挣扎。不同之处在于，他是主动求援的勇者，而我则是被细心的制度之网捕获的迷航者。学校的心理老师以其敏锐与关怀，为我点亮了希望的灯塔。

如今，当我回望那段充满挑战的经历，我不仅感受到了曾经的无助与痛苦，更看到了自己从中学到了坚强和同理心。这是第一次在心里埋下了一颗种子：很多人的痛苦，值得被看见，看见才能触动改变。

心理老师成长联盟的创立

在我毕业投身于教育行业后，我深刻体会到了为儿童青少年提供心理健康支持的重要性，这也正是本书所探讨的核心议题之一。然而，命运似乎总爱开玩笑。当年我没有选择继续做心理老师，而是根据自己的兴趣爱好找到了另一份工作。

在过去的十几年里，我在运营营销领域深耕细作，这段经历不仅丰富了我的职业技能，也为我后来创立心理老师联盟奠定了坚实的基础。一次偶然的机会，我的同学创建了一个广东省心理老师的交流群，这让我重新与心理老师的世界建立了联系。

原本，我期待在群里看到心理老师们分享职业成长的心得。然而，实际情况却出乎我的意料——群里更多的是心理老师们的吐槽、痛苦和迷茫。他们分享了自己在心理老师岗位上所遭遇的种种困境，也让我看到了心理老师整个群体正在经历"不被看见""不被支援"的成长困境。

有一天，我的师姐——一位在学校工作十几年的心理老师，再次向我吐槽她的工作困境。就在那时，一个念头在我脑海中悄然萌生：我想做点什么，我得做点什么，帮帮他们。

让我们一起帮助更多的人

我坚信,职业发展是一场马拉松,而非短跑。它需要时间的沉淀、实践的磨砺和不懈的追求。带着这样的信念,联盟运转了四年。在这四年里,我们服务了全国超过10万名心理老师。他们中有许多人向我们求助:具体的心理工作该如何开展?遇到某个学生个案时,该如何辅导、如何帮助学生?

在联盟的工作中,我们积累了大量学生辅导案例。这些案例涵盖了心理老师在职业生涯中普遍会遇到的问题。为了支持更多的心理老师,让更多的人从中得到启发和帮助,我们决定将这些案例汇总起来,出版成书。

如果你是心理老师,当你面对学生个案时感到迷茫,不妨打开这本书,相信你会从中找到一些启示。如果你是学科老师或家长,翻开这本书,你会发现有许多校内校外的资源可以利用,共同帮助这些孩子。

这本书或许不能告诉你如何彻底解决孩子的某个问题,但它可以为你指明方向:在孩子遇到困难时,你可以如何伸出援手,联动身边的资源帮助他们。或许我们不能替代孩子去成长,但我们可以尽己所能去理解、支持、陪伴他们,给予力所能及的帮助。

我们坚信,当个体的心灵得到关注、"被看见"时,便能激发出巨大的内在力量。让学校心理工作者被看见;让需要帮助的青少年被看见;让面对学生或孩子时感到迷茫的老师和家长被看见。这便是我们能做的最基础、也是最重要的事情。虽然我们的力量有限,但每一次真诚的分享和"被看见",都能触动人心,吸引更多人加入到这一行列中来。

如果这本书能在你的生活中起到"被看见"的作用,那么它的价值便已得到实现。在人的一生中,我们总会遇到低谷和不顺心的时候。如果你也曾得到过他人的帮助,我为你感到欣慰。如果你也和我们一样,希望能帮助更多曾经像你一样需要帮助的人,那么请与我们携手,将这本书的力量传递给每一个需要帮助的人,共同点亮他们前行的道路。

心理老师成长联盟创办人

安夏

2024年6月

读懂孩子，
▶▶▶ 捕捉向上而生的勇气和力量

在这个充满变数的世界里，儿童青少年正以前所未有的速度成长着，他们面临的种种挑战和压力，已经不是上个世代的我们能够自然而然就能感同身受的。我们可能会感受到一个严峻的事实：孩子能健健康康成长，真的不是一件很容易的事情，这有助于我们重新审视和孩子的相处之道。

作为家长和师长，我们渴望给予他们最好的教育和关爱，帮助他们健康成长。然而，我们也常常困惑于如何才能真正读懂孩子的内心世界，如何在他们遇到困难时给予恰当的支持和引导，如何才能成为他们的心灵捕手，捕捉他们向上而生的勇气和力量。有许多的父母因为缺乏自觉，甚至成为了孩子产生心理问题，乃至患上精神疾病的"罪魁祸首"。

这本书是一本为家长和老师量身定做的宝典，为我们提供了一扇窗口，让我们得以窥见孩子们丰富而复杂的内心。它不仅是一本关于中小学生心理问题的处置经验箱，更是一份家长们的心灵指南。它由资深的教育工作者、心理专家和经验丰富的教师们共同撰写，汇集了他们在教育实践和心理辅导中的丰富经验。这些经验凝结成文字，为我们提供了宝贵的知识财富。

这本书还是一本极具实用性的手册。书中以问答的形式，针对不同年龄段可能出现的各类心理问题，都给出了许多具体可行的方法和建议。无论是面对孩子的学习困难，还是处理他们的人际关系问题，或是引导他们正确认识自我，甚至还包括了家长和老师们期望孩子永远不会遇上的各种复杂难题，像校园欺凌、性心理困扰和自毁行为（含自杀、自杀未遂和非自杀性自伤行为）等，书中都给出了详细的指导。我们可以了解到当学生因心理问题需要得到帮助时，学校里的老师会如何开展工作，以及其中对家长是如何指导的。这些内容对于家长和老师来说，无疑是极具价值的。每一个疑惑、每一个答案都凝聚了教育者们深思熟虑的智慧结晶。

在阅读这本书的过程中，你会发现：书中的每一个生动具体的案例，都试图深入浅出地教会我们如何去倾听孩子的声音，理解他们的需求，尊重他们的个性，这是引导孩子健康成长的关键。它不仅教会我们如何去读懂孩子，更重要的是，它激发了我们捕捉孩子内心向上而生的勇气和力量的能力。书中还特别强调了家庭环境对孩子心理健康的重要性。一个温馨、和谐的家庭氛围是孩子健康成长的沃土。作为家长，我们需要不断地学习和自我提升，用更加科学和理性的方式去爱我们的孩子。别等到孩子心理上"生病"了才来懊悔，没有什么比孩子身心健康、快乐成长更重要。

我们强烈推荐这本书给所有的家长和老师们。无论你的孩子或学生正处于哪个成长阶段，这本书都能为你提供帮助和启发。让我们一起学习，一起成长，为我们的孩子创造一个更加美好的未来。

最后，要感谢这本书中提问和回答的各位老师们，感谢他们将宝贵的经验和知识分享给我们。相信每一位读者都能从这本书中获得力量，学会更好地理解和支持孩子，陪伴他们一起捕捉向上而生的勇气和力量。祝愿所有的孩子都能在爱与理解中茁壮成长。

在阅读这本书后，你有哪些收获和感悟？你是如何将书中的知识应用到实际生活中，帮助孩子健康成长的？欢迎通过"心理老师成长联盟"公众号或发送邮件到bd@qnxsx.com，与我们分享你的案例和经验，让我们一起探讨如何更好地支持孩子的成长。

"心理老师成长联盟"及本书编委会作者

2024年6月

作者推荐

▶ 王 雅

在15年教学生涯中,我深切地感受到了时代快速发展和外部环境不确定性带来的挑战,学生的心理问题越来越频发、对心理健康需求日益增长,他们对自我认知与成长的渴望前所未有的强烈。这意味着不管是教育者还是家长,都需要不断适应和进步。当你翻开这本书时,你正踏上一段寻找内心奥秘的奇妙旅程。它汇聚了众多一线心理教师的智慧与经验。相信在它的指引下,你将不断成长,成为更加优秀的家长、心理老师或班主任。愿我们的努力化为孩子们内心深处最宝贵的财富,让他们在未来的日子里勇敢地追求梦想,成为自己人生旅程中的勇士。

▶ 冯 萌

随着时代的快速变迁,学生心理问题也越来越低龄化,家庭教育也出现了越来越多的问题。《中国国民心理健康发展报告(2021—2022)》指出当代青少年的异常心理状态主要有抑郁、孤独、手机成瘾、无生命意义感等。在现实中因为家庭原因、学业压力诱发心理问题的青少年也逐年增加。教师正是在这样复杂的现状下开展工作,当我们对一个个学生的心理问题不知如何把握时;当我们体验不到有能力帮助学生的价值感时……可以快速地翻阅本书查找类似的情景案例,找到启发的灵感与思路,相信书中的案例能给大家带来疗愈与启发。同样,当家长遇到类似的困扰,也可以翻阅本书,寻求帮助。

▶ 闫 芳

作为心理老师和班主任,我们面临许多挑战,需要负责学生的学习、生活和心理健康，遇到学生出现各种问题时，还要与家长和其他教育工作者有效合作来解决问题。但面对现实的复杂性，有多少人有勇气说，我能行！教师尚且如此，更遑论家长。庆幸的是，我们在"心理老师成长联盟"中相遇，分享困惑、分享经验，碰撞智慧的火花，生成最美的感悟，成为彼此前行路上最有效的助力。这本书，是"心理老师成长联盟"一次很棒的尝试，给心理老师和班主任提供了一种快速掌握应对各种学生常见心理问题的实用工具书，同样给家长很多启发。你会发现，这本来源于一线老师经验的书，非常与众不同！

▶ **乔翠翠**

心理老师是学校里常被"临危受命"的群体，当遇到一个心理危机的个案或者学生的心理难题时，往往就要耗费大量心力和时间；一个不是危机的突发事件也能把心理老师从餐桌上紧急叫回心理室……面对突发的、复杂的，有时甚至无能为力的个案，心理老师最需要随机应变、厚积薄发。儿童青少年越来越多出现的各类心理问题，对学生家长、初任或青年教师、班主任来说，不啻为一项不会终结的挑战。这本书的面世，就像前辈温暖的手掌抚在我们的肩头，轻声说"没关系，都能解决，你可以"，像未来已成长的你我回望今日尚不成熟的前行者，高声喊"没关系，不着急，一步一步走，总会到达更高的境界！"

▶ **李 宁**

一言不合就吵架，是天生反骨还是另有乾坤？不爱学习是因为娃懒？磨蹭拖沓是像了谁？还是因为激励方式出了错？学生来了咨询室什么都不说怎么办？出现了重大心理危机怎么应对？

教师越来越难做，中小学家长同样能感同身受，现在的孩子，问题太多了。不过，这本书给我们提供了情绪共鸣和解决之道，班主任可以从这本书中掌握更多的学生"管理"方式，心理老师更能从这本书里获得工作支持和思路。家长能够感同身受，原来大家都不容易。开卷有益，让我们一起学习吧！

▶ **陈银欢**

心理老师经常要面临学生各种心理问题的挑战，如何寻找快速应对的解决之道，这类的实践经验资源非常缺乏。家长和其他教师面对同类问题时，更是束手无策。作为一线心理老师能从这本书中找到同类问题的解决思路，即便你工作年限尚短或经验欠缺，也能更轻松地应对各种难题，可作为刚踏入职场的心理老师的"小红书"。

▶ 洪洁州

不知何时开始，孩子年龄越大心理问题越多已经成为了一个趋势。原来，在学校里的学生会发生那么多复杂又难以解决的心理问题。为了解决这些问题，家长、学校和社会都需要共同努力，采取积极的措施，当孩子需要支持时，不管是父母还是老师，都能及时地出现，伸出援手，不让孩子独自面对"暴风骤雨"。这本书，给你准备了上百个实战案例，尝试代入自己的角色。你准备好应对挑战了吗？

▶ 鲁 洁

作为一名区级教研员，我深知儿童和青少年心理问题的复杂性和其影响。作为心理老师和班主任，我们常常面临着工作中的各种挑战和困难处境。这本书包括了学校教师可能遇到的学生常见的心理问题。在这里，你将找到应对这些难题的策略；在这里，你将感受到关怀和支持的力量。它是一个饱含智慧和经验的宝藏。无论你是一位班主任、一名心理老师，还是一个关心孩子心理健康的家长，这本书都会成为你不可或缺的指南。它不仅是学习工具，更是一个陪伴、指引和启发你的伙伴。

▶ 林红丽

边玉芳教授说，心理老师自我关怀的根本是读懂孩子、专业成长。在所有学科老师中，心理老师的比例普遍很低，有时会很孤单，不确定该怎么做，不知道做得好不好，不清楚怎么做得更好；在"心理老师成长联盟"，心理老师们聚在一起，大家感受到温暖，变得更有力量和方向。

联盟的"导师提问"板块像我们心理老师的"解忧杂货铺"，我们在开展心理工作时会遇到各种各样的问题，当我们向"解忧杂货铺"提出问题时，或早或晚，总有老师会回复。我们发现，我们并不孤单，我们所遇到的问题，原来大家都遇到过；我们发现，原来这件事情还可以这样处理；我们发现，其实我们做得还不错。让我们不再"单独作战"、不再"自我怀疑"。现在，这个"解忧杂货铺"终于变成了一本书，把大家的困难和挑战整理起来，把大家的智慧回答集结在一起。推荐你一起阅读，看到来自一线老师知识共创的力量。

▶ 翁卓祺

我一直思考，如果有一本书，能够详尽地列出孩子们在成长过程中可能遇到的各种心理问题，并提供应对策略，那将是多么宝贵的资源。这样的书能让父母感到安心、获得启发，即便自己的孩子没有遇到类似的心理问题，也有警醒和敬畏的作用。现在，这样一本书终于出版了。

书中的解答并非一成不变的标准答案，而是汇集了众多一线心理专家、心理老师和教育工作者的实践经验，提供了多角度的思考和启发。我很高兴有机会参与这本书的编写，并在此真诚地向所有家长、老师推荐。我希望这本书能成为您在教育路上的一把伞，无论遇到怎样的风雨，都能从容应对，陪伴着孩子们健康成长。

▶ 谢晓燕

本书集许多一线专职心理老师的心血于一体。如果你是家长，那你能看到一个孩子从小学到高三可能出现的各种常见的心理问题，提前打好预防针；如果你是新手老师，那么在书里你可以寻找到职业路上大概率会碰到的学生心理问题的解决之道；如果你是经验丰富的心理老师，可以看到很多志同道合的同行处理学生心理困扰和问题的方法，从不同角度给予你建议。对不同读者来说，都是一本不可错过的书。

▶ 安　夏

我曾在年少时得到过学校心理老师的帮助，让我走出心理困扰的漩涡。如果一个人在成长的路上遇到阻碍或困扰，能够被人看见，被人理解，被人支持，那这个人是幸福的。让每一个儿童青少年都能得到最及时、专业的心理支持，让老师不至于面对复杂的案例困境出不来，这是我们创建"心理老师成长联盟"的初衷。在本书中，你将见证我们把从上千案例中精挑细选出来的个案进行分类整理。这些个案处置的经验，不管是对家长还是老师，都大有裨益。未来，我们将与更多一线教育、心理工作者合作，出版更多来自一线、服务一线的优质好书。

如何使用本书

《中小学生的心灵捕手：中小学心理辅导110问》是一本专为儿童青少年的家长、教师和心理工作者等群体编写的实用指南，旨在帮助读者理解和应对儿童青少年常见的心理问题困扰。本书通过深入浅出的方式，汇集了众多一线心理老师的经验和智慧，从"家庭、学校、社会"联合的模式，介绍了如何处置这些问题困扰的思路与经验。

儿童和青少年时期是充满变化和挑战的时期。在这个阶段，他们在探索"我是谁"和"我想成为什么样的人"这样的问题，而这个过程往往伴随着困惑和挑战。他们不仅要面对身体的成长，还要应对心理和情感上的波动。从学业的压力到与同龄人的关系，再到家庭和社交环境的变化，例如，有的孩子可能会因为社交焦虑而在与人交往时感到紧张不安；而另一些孩子可能因为多动症而难以集中注意力。这些都可能成为他们心理问题困扰的来源。但是处置这些心理问题，并不是家长或者老师某个人的事情，而是需要家庭、学校和社会协同，共同参与解决的系列干预措施。

如何使用本书

本书按心理问题困扰类别的主题来编排目录结构，读者可以很方便地快速定位所需内容。第一章对儿童青少年有哪些常见的心理问题做了简洁的整体分析。后面的每个章节，分别代表着一类共性的心理困扰，不同学段的学生都可能或早或晚地出现相同的心理困扰。而这些心理困扰，并不是孩子们的弱点，而是他们成长过程中的一部分。它们提醒我们，将这些心理问题比作成长中的"小怪兽"，可以帮助我们更形象地理解孩子们的处境。

如果您是家长

在本书中，您将见识到当前儿童青少年所面临的各种心理问题的挑战。体会每一个有心理问题的学生背后，都有一个不断在制造问题或者袖手旁观的父母。了解当学生因心理问题需要得到帮助时，学校里的老师会如何开展工作，以及其中对家长是如何指导的，这将有助于您更好地支持孩子的心理健康。

如果您身边有朋友正在被孩子各种心理问题困扰，本书的知识，也可以为您帮助朋友或者教他如何主动求助提供助力。如果您自己深陷心理问题的困扰，您也可以查阅书中的类似案例，主动向学校心理老师求助，在心理老师职责内，会努力想各种办法帮助您。

如果您是老师

不管是班主任、科任老师还是心理老师，本书是您快速积累处置学生心理问题和困扰相关经验的工具书。本书入选的案例，均为比较复杂、棘手的个案，您可能鲜有机会一一遇上，但万一有一天，您遇上需要应对学生类似的心理困扰，或许本书能帮您避免应对无序、慌张失措的局面。作为老师，我们的角色是成为他们坚强的后盾，你需要马上知道有哪些有效的方法可以帮助他们应对这些问题。

学习提醒

本书对心理问题困扰的处置思路，不能代表完整的个案咨询，受限于提问者的认知和客观条件，书中的案例并未澄清全部的背景信息，回答者根据语境，有加入个人主观分析的成分；本书案例中所做的判断，不能代替专业心理治疗机构的心理诊断，切勿对号入座，给孩子贴上"有心理问题"标签。

不管是家长还是老师，对儿童阶段出现的心理困扰不能过早定性为问题。因为儿童的身心发展变化很快，要用发展的眼光看待这些烦恼。

如果您或您认识的人需要专业的心理诊疗服务，请务必寻求专业医疗机构的帮助。记住，及时寻求帮助是明智和勇敢的选择。根据《精神卫生法》：

第二十九条 精神障碍的诊断应当由精神科执业医师作出。

第二十三条 心理咨询人员不得从事心理治疗或者精神障碍的诊断、治疗。

因此，如需专业的心理诊断，请前往当地精神专科医院、精神卫生中心，或具备医疗资质的心理门诊，请精神科医生做诊断。

如果你是专、兼职心理老师，工作中对儿童青少年的心理问题不知该如何处置，欢迎关注"心理老师成长联盟"的相关资讯，这是一个致力于提升心理老师专业技能和知识分享的心理行业平台，您可以在这里找到丰富的心理辅导资源和交流平台。

如果您在阅读本书过程中发现有任何问题，欢迎通过邮箱：bd@qnxsx.com向我们反馈。我们将在收到您的反馈后，尽快为您提供反馈、解答和感谢。

致谢

感谢所有为本书的编写和出版做出贡献的人员，包括但不限于：

1. 一线心理老师：他们分享了宝贵的实践经验和智慧，为本书的编写提供了坚实的基础。

2. 编写团队：他们为本书案例提供了专业的回答和指导，使本书更加严谨和科学。

3. 广东科技出版社的编辑团队：他们精心编辑和校对本书，使其更加易读和实用。

4. 案例贡献者：他们提供的案例，让我们见识了儿童青少年心理问题困扰的复杂性，使本书得以还原当前儿童青少年心理健康状况的严峻局面。

目录
Contents

▶ 第一章　中小学生常见心理问题
── 直面挑战，照亮成长之路

1. 中小学生都有哪些常见的心理问题的困扰，检出率有多少？/ 004
2. 为什么现在的学生会有这么多的心理问题和困扰？/ 007
3. 面对中小学生常见的心理问题困扰时，老师该如何辅导和应对？/ 009
4. 老师可以给有心理问题困扰的学生家长提供哪些建议？/ 011

▶ 第二章　环境适应
── 减轻分离焦虑，梳理内心冲突

5. 一年级学生上学困难，天天早上哭 / 015
6. 一年级学生上学需要母亲陪伴，有明显不适应行为 / 017
7. 因上幼小衔接班时老师要求严格，一年级新生惧怕进课室 / 018
8. 初一新生无法适应寄宿生活，严重失眠 / 020
9. 初一男新生开学后常出现呕吐、头晕、手麻等现象 / 021
10. 成绩优秀的初三学生突然厌学沉迷游戏 / 022
11. 开学不久，初一新生就医后被诊断为有抑郁焦虑倾向 / 023

第三章 情绪困扰
—— 剥开迷雾，看见孩子的真正需求

12. 害怕同学嘲笑，二年级学生没有勇气走进教室 / 027
13. 二年级学生经常情绪失控，爱发脾气 / 028
14. 小学低年级学生不如意就情绪失控，伴有攻击性行为 / 030
15. 四年级男生上课哭闹，容易躁动 / 031
16. 小学生上课注意力不集中，小动作多，情绪容易冲动 / 032
17. 初一学生情绪很不稳定，容易发火，愤怒时有自伤行为 / 034
18. 初二女生喜欢独处，爱幻想又讨厌胡思乱想，在乎他人评价又不想受影响 / 035
19. 初二女生敏感易失控，经常独自哭泣 / 036

第四章 学业困扰
—— 增强自我效能感，点燃孩子内心的小宇宙

20. 二年级学生对学习不感兴趣、上课不专心 / 041
21. 五年级学生轮流预约心理辅导，以心理辅导逃避学习？ / 042
22. 初一女生经常以身体不适为由逃避上学，心理咨询也爽约 / 043
23. 初中生成绩优异，因父母期望值过高而厌学 / 045
24. 初三男生没有学习动力，最大的兴趣是玩游戏 / 046
25. 初三男生上课不能集中注意力，经常胡思乱想 / 047
26. 学生中考前反复纠结情感问题，对无法集中精力学习感到焦虑 / 048

第五章 人际关系
—— 建立社交准则，增强学生的归属感和自我价值感

27. 二年级女生因容貌自卑，被同学嘲笑后不想上学 / 053
28. 初二男生过于爽直，不会沟通，社交碰壁 / 054
29. 五年级女生不爱干净被同学疏远 / 056
30. 老实内向的初二男生被室友冷嘲热讽、起外号，对现状感到无能为力 / 057

31. 初二男生感觉自己在学校里像座孤岛，常年驼背走路 / 058
32. 初三男生与同学打架后把自己关在房间也拒绝和班主任沟通，父母常年在外 / 059

▶ 第六章　家庭关系
—— **改善家庭教养方式，重构孩子的支持系统**

33. 二年级学生和妈妈发生矛盾，在校园跳楼致伤 / 063
34. 六年级女生需求不被满足时就自残 / 064
35. 四年级孩子在家庭中得不到关爱，有自残行为 / 065
36. 初一男生经常被父亲家暴，没有安全感 / 066
37. 初中女生经常被母亲殴打，有轻生念头 / 068
38. 初二女生父母离异，经常被爸爸打骂、苛责，有轻生念头 / 069
39. 初一学生进入青春期，家长感到难以沟通 / 071
40. 初一女生和父母关系疏远，和同伴关系差，有自残行为和自杀想法 / 072
41. 初中女生家庭不和睦，严重影响学习和日常情绪，有自伤行为 / 074
42. 初中学生受到校园欺凌，但家长不管 / 075
43. 高二学生沉迷手机游戏，和父母关系疏远，成绩也退步 / 076
44. 父母离异后，三年级孩子总是沉默寡言 / 078

▶ 第七章　违纪行为
—— **让"调皮鬼"的好行为产生**

45. 一年级学生上课调皮捣蛋，气哭同学 / 083
46. 一年级男生经常扰乱课堂纪律，不听老师指挥 / 085
47. 重组家庭的六年级学生，脾气暴躁，不尊重老师 / 086
48. 五年级学生经常撒谎，对自己的错误从不承认 / 089
49. 六年级男生经常偷窃、说谎 / 091
50. 两个处于青春叛逆期的初二女生，逃课、自残 / 093
51. 六年级学生课堂上想发言就必发言，不让说则自行说，如何处理？ / 094

第八章　性心理困扰
── 帮助学生不再谈性色变

52. 四年级女孩疑似"性别认知障碍" / 099
53. 六年级男生自述有"手淫" / 101
54. 初二女生被男同学"性骚扰"，自身认知出现问题 / 102
55. 初二男生在班级当众自慰，同学受到伤害 / 103
56. 离异家庭的初三男生认为自己是同性恋 / 105
57. 初中女生被成年男性猥亵 / 105
58. 初中男生父母离异，家庭管教缺失，偷女孩内裤 / 107
59. 初中男生对喜欢的女生死缠烂打，我行我素 / 108

第九章　留守和其他困境儿童
── 建立自信和自我价值感，为孩子提供全方位支持

60. 六年级女生常被外婆责骂，有轻生念头 / 111
61. 如何对小学留守和困境儿童开展团体辅导和主题教育？ / 112
62. 如何对留守儿童和单亲、贫困等困境学生进行恰当的心理辅导？ / 113
63. 初二男生与奶奶闹矛盾，把自己锁在房间里 / 114

第十章　自毁行为
── 拉住"悬崖边"学生求助的手

64. 六年级两个女生先后割腕，是否存在相互影响？ / 119
65. 六年级女生喜欢穿短裙、和男生打闹，有自伤行为和自杀意念 / 120
66. 初一女生曾被侵犯，有自伤行为 / 121
67. 初二女生因亲子冲突在学校跳楼，如何对班级其他同学进行辅导？ / 122
68. 初一两女生先后自残，担心其他同学效仿 / 123
69. 初一学生出现危机行为，心理老师与班主任的处理意见不一致 / 126
70. 初一学生有自杀意念和自伤行为，母亲不同意就诊 / 129

71. 初二女生因别的女生和自己心仪的男生亲近，就生气打人、自伤 / 131
72. 初二学生常产生幻觉，有自杀倾向，有诊断但家长不告知 / 133
73. 初二学生重度抑郁，有双相情感障碍，没继续治疗，失控会自残 / 134
74. 初一女生有自残行为，初步评估为轻度抑郁 / 136
75. 初中学生行为怪异，评估为重度抑郁，有自杀倾向 / 138
76. 两名初一女生自残，性格压抑，感觉不到生命的意义 / 139
77. 和母亲发生冲突，心理测评显示中重度的初三女生，且有自残自伤倾向，该如何处理？ / 141
78. 高一女生曾割腕，现突然写纸条给同桌留言"自杀言论"，该如何处理？ / 144
79. 高一学生上课割腕自伤后已休学，复课后是否建议走读？ / 145
80. 高一学生控制不住自己想自残 / 146
81. 高一新生用订书机自残，不愿和老师沟通 / 148
82. 请问中学生自残自伤的比率有多少？心理老师可以做些什么？ / 149
83. 如果学生跳楼自杀，心理老师后续要开展哪些工作？ / 150
84. 有轻生念头的女生休学在家，我该如何提供支持和帮助？ / 152
85. 学生有自伤行为和自杀倾向但又不想父母知道。老师怎么做合适呢？ / 153
86. 重度抑郁学生出现自杀念头，已回家休息。与家长沟通时需要注意什么？ / 156
87. 有自残行为的抑郁学生双性恋的问题，该如何处理？ / 157
88. 学生一遇到家长严厉批评就激动说想死，该如何辅导？ / 158

第十一章　校园欺凌
── 抚平创伤，重拾信心

89. 学生在社交媒体上遭到了匿名欺凌，我应该如何帮助他？ / 164
90. 学生被同学排挤感到被孤立，我该如何为她提供情感支持和应对策略？ / 165
91. 学生目睹了同学间的欺凌行为，但害怕说出来会被报复，我应该如何鼓励他勇敢发声？ / 166
92. 学生在欺凌事件中被误解为施暴者，我该如何帮他澄清事实恢复名誉？ / 168
93. 学生因曾长期遭受欺凌出现自我伤害行为，如何为她提供紧急心理干预？ / 169
94. 如何引导有欺凌行为的施暴者认识到自己的错误，并帮助他改正行为？ / 170
95. 学生觉得学校对欺凌行为的处理不够公正，我应该如何安抚她的情绪？ / 171

96. 欺凌者学生家长否认欺凌行为，拒绝合作。我该怎么办？/ 173

97. 学生知道欺凌事件内情，但害怕说出来会被报复，我该如何引导她做出正确的选择？/ 174

98. 学生因曾被欺凌而出现学习困难，该如何为她提供学业支持和辅导？/ 176

99. 参与过欺凌行为的学生，现在感到内疚和后悔，该如何帮助她走出心理阴影？/ 177

100. 家长担心孩子在学校遭到了校园欺凌，我该怎么办？/ 178

▶ 第十二章　其他心理困扰

101. 二年级学生的妈妈已去世一年，爸爸纠结该不该告诉孩子 / 184

102. 四年级女生的母亲病危，但家人一直对她隐瞒真相 / 186

103. 学生因亲人离世时常情绪低落，有自伤行为 / 187

104. 患有多动症的小学生在校学习时，老师可以提供哪些帮助？/ 188

105. 三年级男生行为举止像幼儿园的孩子，喜欢抱和摸别人，和他沟通很吃力 / 190

106. 四年级学生焦虑、中度抑郁，尚未确诊，家长迫切想让孩子复学 / 191

107. 高二学生失眠数月，自己找医生开药吃但不接受心理治疗 / 193

108. 高一学生中度抑郁，之前状态稳定，现有反复 / 194

109. 高一学生目睹车祸后一直哭，第二天仍感到难受 / 195

110. 前女友去世后男生感到很愧疚，难以走出创伤 / 196

▶ 后　记

这本书的出版是一次知识共创的实验 / 199

第一章

中小学生常见心理问题
直面挑战,照亮成长之路

章节说明：

本章将探讨有关中小学生常见心理问题的内容，包括：

1. 中小学生心理问题的分类与检出率。沿用俞国良教授的研究结果，并借鉴美国心理学家阿肯巴哈的分类方法将中小学生心理问题分为内化问题（如焦虑、抑郁、躯体化、退缩、睡眠问题等）和外化问题（如攻击行为、违纪行为、自我伤害和自杀问题等）。

（1）小学生心理问题检出率最高的是睡眠问题（25.2%），其次是抑郁（14.6%）和焦虑（12.3%）。

（2）初中生心理问题检出率最高的是焦虑（27%），其次是抑郁（24%）和自我伤害（22%）。

（3）高中生心理问题检出率最高的是抑郁（28%），其次是焦虑（26.3%）和睡眠问题（23.0%）。

但考虑到本书问答中提及的心理问题，是来源于一线老师的实践积累，所以并未完全覆盖全部的心理问题分类，并且在表述上，也尊重一线老师的表述方式，目的在于能兼容大多数一线老师的认知习惯，聚焦解决问题，而不将篇幅都花在某个概念的定义上。书中提及的各种内容，也强调了中小学生心理问题的多样性和严重性，对教育工作者是一个不小的挑战。

2. 造成心理问题的原因。冰冻三尺非一日之寒，学生也并非生活在真空当中。老师们需要懂得如何以布朗芬布伦纳提出的生态系统理论模型来分析中小学生的心理问题成因，可以简单概括为：

（1）学生自身成长的发展性原因，如青春期的自我意识高涨和自我同一性混乱。

（2）家长对孩子心理健康的忽视，以及社会弱势群体孩子面临的特殊挑战。

（3）学校对心理健康教育的不够重视，缺乏有效的心理疏导方案和资源。

（4）社会负面因素，如网络社交媒体和潮流文化的影响，以及校园欺凌/孤立。

当然，这也并非全部，具体到个人，需要因人而异。

3. 一般应对策略。按不同心理问题类别，老师可以掌握/了解一些最基本的原则性策略，例如：

（1）对于学习问题，建议区分学习障碍与智力低下，提供学习心理辅导，并鼓励学生挖掘自身长处。

（2）对于情绪问题，建议通过心理辅导改变不合理的信念，鼓励学生多参与社会活动。

（3）对于人际关系紧张，建议调整认知，改善沟通技巧，进行团体心理辅导等。

（4）对于行为问题，建议坚持以人为本，进行行为问题纠正，必要时进行一对一心理咨询。

（5）对于常见的精神疾病，如多动症，建议非药物治疗，如行为治疗和父母培训，以及与学校建立有效沟通。

4. 给家长的建议：这部分为一些通用性建议，可用于老师在面对家长进行科普宣传时的，包括：

- 建立良好的家庭氛围，做好孩子的榜样。
- 接纳孩子的不完美，给予有效的陪伴。
- 对于特定精神疾病，如多动症，加强行为治疗和与学校的沟通。
- 寻求心理健康热线帮助，尊重科学，必要时陪同孩子进行专业治疗。

1. 中小学生都有哪些常见的心理问题的困扰，检出率有多少？

适用对象：班主任、心理老师、家长　　**适用场景**：教室、讲座

洪浩州 回答

> **匿名 提问**：能否普及一下学生都有哪类心理问题？这些心理问题发生的概率有多少？我看到很多不同的分类方法，找不到比较公认的。

在探讨心理问题分类的学术领域中，存在着多种声音和观点。特别是在中小学生心理问题的检出率方面，最新研究可以参考俞国良教授在2022年发表的论文《中国学生心理健康问题的检出率及其教育启示》。俞教授基于丰富的心理健康临床和实践经验，在这项研究中，他采纳了美国心理学家阿肯巴哈提出的分类方法，将儿童和青少年的心理病理性问题分为内化问题（如焦虑、抑郁、躯体化、退缩、睡眠问题等）和外化问题（如攻击行为、违纪行为、自我伤害和自杀问题等），从而对心理健康问题进行了明确的界定。

鉴于心理健康问题检出率在学术界的研究中存在显著差异，俞教授采用文献综述的方法，对我国中小学生的心理健康问题检出率进行了全面的分析。他的研究以2010年智能手机的普及为关键时间点，覆盖了十年的研究，共计检索了10 424项研究成果，并对其中的1 135项进行了元分析。这些研究涉及小学生101项，初中生222项，高中生252项，大学生560项，共计3 248 179名学生。

接下来，让我们深入探讨俞教授论文中关于中小学生心理问题困扰的分析结果。

小学生的心理健康问题检出率从高到低分别是睡眠问题（25.2%）、抑郁（14.6%）、焦虑（12.3%）、攻击行为（4.1%）、退缩（3.8%）、违纪行为（3.7%）、躯体化（3.6%）。这些数据揭示了小学生面临的心理健康问题的多样性和差异性。特别是睡眠问题的高检出率（25.2%），以及抑郁（14.6%）和焦虑（12.3%）的较高比例，突显了这些问题的重要性。睡眠问题，包括睡眠不足、失眠和睡眠障碍，已成为全球性的公共卫生问题，严重影响青少年的健康成长。研究还发现，我国儿童普遍存在严重的睡眠问题，这些问题可能导致情绪紊乱、学习困难、认知障碍、肥胖和高血压等一系列不良后果。

小学生的心理健康问题不容忽视，需要早发现、早预防、早干预，尤其是对检出率排名居于前三位的睡眠问题（25.2%）、抑郁（14.6%）和焦虑（12.3%）。

（1）睡眠问题。包括睡眠不足、失眠、睡眠障碍等。许多研究发现，我国儿童普遍存在严重的睡眠问题，相较于世界其他国家报告的睡眠问题检出率数据（0.2%～10%）明显偏高，有研究者发现我国儿童的睡眠问题高达46.97%。

（2）抑郁问题。中国科学院心理研究所曾发布过《心理健康蓝皮书之2009年和2020年青少年心理[1]健康状况的年际演变》，其中提到小学生抑郁问题检出率为一成左右，这与俞国良的研究结果（14.6%）基本一致，但与其他国家的儿童相比——澳大利亚为16.6%，希腊为4.28%，意大利为10.6%，韩国为17.3%，我国小学生群体的抑郁问题检出率属于中等偏高，表明抑郁问题出现的年龄段正在逐步下移，且已有出现局部恶化的显著征兆。

（3）焦虑问题。有研究者发现高收入地区的儿童，其焦虑检出率为18.27%，低收入和中等收入地区的检出率为1.53%，这意味着经济发展水平可能会对小学生焦虑问题的检出率产生影响。作为发展中国家，我国小学生焦虑问题的检出率（12.3%）也处于中等偏高位置。

初中生的心理健康问题检出率从高到低依次为焦虑（27%）、抑郁（24%）、自我伤害（22%）、睡眠问题（17%）、自杀意念（17%）、自杀计划（7%）、自杀企图（未遂）（4%）。这些数据表明，初中生可能面临更为突出的情绪问题。这些问题的出现可能与他们面临的学业压力、家长的高期望、中考的压力、青春期的生理变化、教师心理健康水平以及学校氛围等多种因素有关。有研究表明，初中生的许多心理健康问题可以追溯到师源性心理问题。

关于初中生心理健康问题检出率结果的不一致，大多受到了取样人数、地域、测量工具等因素的影响，导致不同研究的检出率之间差距很大。

（1）焦虑问题。有研究表明，焦虑问题的检出率为6%～58%不等。俞国良的研究结果远高于1980—2009年全球44个国家焦虑障碍7.3%的检出率，以及2000—2015年我国研究者的焦虑障碍0.5%检出率。主要原因在于研究者关注的焦点不同：上述研究者关注的是焦虑障碍，一般程度较为严重，而我们的研究关注点是焦虑问题或焦虑症状的检出率。

（2）抑郁问题。有研究发现，初中生抑郁问题的检出率为10%～60%不等。俞国良的研究因为纳入了尚未发表的研究，使得纳入数量超过了既有研究，估计结果更加准确。结果高于1991—2018年我国初中生21.9%的检出率，低于2012—2018年我国初中生26.8%的检出率。

（3）自我伤害。俞国良的研究结果高于2007—2015年我国大学生16.6%的检出率和1989—2018年全球儿童青少年19.5%的检出率，表明自我伤害行为可能更多出现在初中阶段。

总之，上述结果表明焦虑、抑郁和自我伤害检出率排在前三位，说明初中生可能面临的情绪问题较为突出。

高中生心理健康问题的检出率，其分布情况如下：抑郁（28%）、焦虑（26.3%）、睡眠问题（23%）、自我伤害（22.8%）、自杀意念（17.1%）、躯体化（9.8%）、自杀计划（6.9%）、自杀企图（未遂）（2.9%）。这些数据凸显了高中生心理健康问题的严重性和多样性，需要我们给予特别的关注。

（1）抑郁问题。抑郁问题在高中生中尤为突出。高中生正处于心理社会性发展的关键时期，面临着学校和社会环境的压力，他们的自尊心既脆弱又敏感，常受到同伴关系、异性关系和父母婚姻冲突的影响，这些都可能导致抑郁情绪的产生。

（2）焦虑问题。高中生的焦虑问题也十分显著。与其他年龄段相比，高中生面临着更多的挑战和压力，如自我认同、外貌焦虑、角色冲突、同伴关系和亲子关系等，这些都可能引发焦虑情绪。此外，考试和学业压力、封闭的校园生活、贫富差距等因素可能加剧了这种焦虑。

（3）睡眠问题。高中生的睡眠问题检出率为23%，虽然低于2020年之前的数据，但这个年龄段是睡眠习惯和睡眠质量变化的重要时期。上学时间早、课业负担重、网络游戏成瘾等因素都可能导致睡眠问题，而睡眠质量差又会影响情绪调节，进而导致焦虑、抑郁、躯体化、自杀等心理健康问题。

此外，自我伤害的检出率为22.8%，略低于之前的数据，但与全球数据相近。自我伤害往往是青少年试图引起关注和重视的一种方式，表达了他们的抑郁、愤怒和厌恶等负面情绪。高中生的自杀意念、自杀计划、自杀企图（未遂）的检出率分别为17.1%、6.9%、2.9%，表明这是一个需要特别关注的群体。

中职学生和普高学生在年龄和教育内容上有相似之处，但随着从普通教育向职业教育的转变，他们在学习、成长、人际交往、情绪调适、升学与求职等方面可能会遇到各种心理困惑或问题。虽然他们没有普高学生面临的高考压力,但他们承受的社会压力更大,经历的失败和挫折也更多。

总的来说,我国中小学生的抑郁、焦虑、睡眠问题和自我伤害的检出率偏高,显示出的整体心理健康状况令人担忧。这也意味着,作为教师,必然会在日常工作中遇到各式各样的学生心理问题和困扰,学会如何应对和处置,已经是教师的基本功,避无可避,必须掌握。

我的思考与经验

2. 为什么现在的学生会有这么多的心理问题和困扰?

适用对象:班主任、心理老师、家长　　**适用场景**:教室、讲座

洪洁州 回答

匿名 提问:为什么感觉现在的学生心理越来越脆弱,很容易产生各种心理问题,要如何理解这个现状?

当前的教育体制(如只看结果,不看过程,"一考定终身"等模式)导致学校、家长,甚至社会过于看重成绩,三者给孩子的压力非常大,从而会产生很多心理问题。中小学生心理健康问题是比较明显和突出的,如果没有得到及时有效疏导,会对其今后发展造成严重影响。而当问题产生后,孩子们又找不到可以解决的人或办法,甚至有些家长不承认自己的孩子已经有心理问题了,这样最终就会导致恶性事件的发生(如自杀、放弃学习等)。关于现在的学生为什么会有这么多的心理问题和困扰,这是一个很宏大的问题,在此分享一些角度,仅供参考。

1. 学生自身成长的发展性原因。青春期是个人追求自我认定的时期,青春期的学生最显著的问题有三个。第一个是自我意识突然高涨和自我同一性混乱。其发展特征是"矛盾",比如:①他想独立,但还需要依赖父母的经济与情感支持。②青少年对亲密关系

既期待又怕受伤害。③需要他人提供意见、指导方向，但又反叛权威与控制。④他们被期待像个大人，但却未被赋予完全的自主权。⑤他们遭受很大的压力与挫折，却不具有足够的因应能力。而自我意识突然高涨表现为青少年的内心独立性形成，他们常认为自己是对的，思想又具偏执性，听不进别人的意见，很敏感，当别人低声讲话时就认为是在议论自己。埃里克森认为青少年是形成自我同一性的关键时期，并认为青少年经历了同一性混乱这一心理冲突。表现为青少年的思想中常会出现我是谁，我将来向哪里发展？别人是喜欢我还是讨厌我？第二个是反抗心理。随着自我意识高涨，他们更倾向于维护良好的自我形象，追求独立和自尊，当某些想法和行为不能被接受，便产生反抗心理。但反抗心理的表现不同，有的态度强硬，有的冷漠相对。第三个是这个阶段特有的行为问题。随着青少年自我意识、同一性混乱，反抗心理出现，必然伴随行为问题。当他们得不到成年人的认可，或者在学校受挫，就容易形成小团体，出现拒绝上学、网瘾、早恋、偷窃等行为问题。

2. 部分家长不够重视孩子心理健康。社会上弱势群体（农民工）、单亲家庭（离婚）、留守儿童家庭等的孩子更容易出现心理问题。这部分家庭由于对孩子关心不够，或者夫妻关系处理不好等原因，加大孩子心理负担。一项调查显示，35.8%的学生、37.5%的教师和27.9%的家长认为，亲子关系是影响心理健康的主要因素。这些结论和我们在工作中的实际感受是类似的。另外，随着时代的发展，智能手机的普及，由于家长对孩子的手机管控及有效引导缺乏方法，导致学生与家长关系紧张，从而也容易导致心理问题出现。

3. 不少学校对学生心理健康教育不够重视。部分教师对学生心理问题没有足够的了解，将心理健康教育推给思想品德课，没有制定科学完善的心理疏导方案，在一定程度上使学生心理问题越来越多，从而影响学生正确价值观和优良品德的形成，限制其全面发展。另一方面，对心理健康教育的资金投入不足导致各个学校的硬件设施不到位，目前大部分学校都没有设立心理健康咨询室，个别学校有也是形同虚设。此外，教师上岗及日常教学工作培训中缺少学生心理健康识别管理课程；适合一线教师在实践中使用的心理健康教育教材（指南、手册）缺乏，培训资源不足；义务教育"体育与健康"课程中与心理相关的课程标准极少，辅导资料稀缺。当学生出现心理困扰急需辅导和介入时，老师往往因能力不足或动机不足而错失最佳的介入机会。

4. 社会负面因素影响。当前社会信息发达，中学阶段学生好奇心较强，会对一些新鲜事物进行思索及探究，这一阶段所接收到的如果是消极信息，就会产生一定的困惑，加剧心理健康问题。有专项调查显示，32.9%的家长认为网络社交媒体、潮流文化是影响孩子心理健康的主要因素，还有27.7%的学生认为校园欺凌／孤立也会影响心理健康。例如，某些剧本杀中掺杂异世界、恐怖、血腥暴力、人格分裂、灵魂附体等不健康元素，导致部分青少年产生严重心理障碍，甚至诱发犯罪。

当然，并不是说只有以上这些原因，每个学生出现的心理问题，其根源都是复杂的，多维度的，不能一概而论，需要结合个体的具体情况具体分析。

我的思考与经验

3. 面对中小学生常见的心理问题困扰时，老师该如何辅导和应对？

适用对象：班主任、心理老师　　**适用场景**：教室、辅导室

洪洁州 回答

匿名提问：面对中小学生不同的心理问题困扰时，心理老师应该怎样辅导？能否对基本思路做个简要概述？

借鉴一些地方教育局发布的中小学生心理问题干预指引建议。我们分情况来看：

1. 学习问题：学习是学生的主要任务，围绕着学习产生的问题占中学生心理问题的主要部分。虽然都在谈"减负"，但学校课业任务仍旧繁重，竞争依然激烈，父母的期望值始终过高，使得学生精神压力越来越大。厌学是目前学生学习活动中比较突出的问题，尤其是学习差的同学。

建议解决方式：要区分学习障碍与智力低下；要详细询问学生近期是否出现家庭变故等原因导致的学习成绩下降。可予学习心理辅导；学习动机辅导＋学习能力辅导＋应试心理辅导。学校组织开展心理健康教育，弘扬人才多样化、成才不拘一格的学习理

念，鼓励学生挖掘自身长处，培养学生制定人生计划，树立健康成长自信心。对学生开展提升心理自助技能的培训，避免学生陷入"唯学习论"。

2. 情绪问题：学生在情绪感受中严重脱离现实，以一种妨碍解决问题的方式应对外界，并出现植物神经系统功能紊乱，进而出现躯体症状：紧张、焦虑、抑郁、孤独等。

建议解决方式：当情绪问题较轻时，学校可采用心理辅导等方式改变不合理的信念，一般来说，学生都能意识到自己需要辅导和帮助，因此学校需要提供心理治疗的场地及人员。心理教师可以通过鼓励当事人积极参与社会性活动、帮助当事人改善人际关系等方式来改善学生的情绪问题。

3. 人际关系紧张：学生在与同学、老师、家长的交往过程中，因感情不和、观念差异、行为不当、沟通受阻等原因引起持续的人际关系紧张或者退缩，学生多伴有持续消极的情绪体验，并影响到正常的学习和生活。

建议解决方式：通过调整认知让学生正确、客观地认识自己、接纳自己，并通过训练沟通技巧（语言表达、沟通方式、化解矛盾的技巧等）改变不良的个性品质和交往方式。学校可根据情况开展小范围的团体心理辅导，对学生进行心理疏导，有条件的学校也可由学校的心理教师进行一对一的连续、系统的心理咨询。

4. 行为问题：学生在成长过程中出现的某些行为、习惯偏离常态，以反复和持久的明显反社会行为为主要特征，但是情节轻微、未达到犯罪性质的行为偏差。如：说谎、课堂违纪、考试作弊（这类学生往往怕失败，但又爱面子）、吸烟厌学、逃学、网络成瘾、离家出走、彻夜不归；攻击、偷窃；自杀自伤等行为。行为问题与心理、生理、社会家庭因素均有关系。

建议解决方式：坚持以人为本，教师在对待学生的态度上不要因为学生成绩不同有差别，导致成绩差的学生容易出现沮丧、没信心、没价值等负性情绪。坚持行为问题纠正：认真倾听，注重尊重与接纳，表达共情，积极正向关注。学校可根据情况开展小范围的团体心理辅导，对学生进行心理疏导，有条件的学校也可由学校的心理咨询师进行一对一的连续、系统的心理咨询。当学生出现自杀自伤的行为时，需要进入危机事件应急处置流程：危机评估—确保安全—给予干预—必要时陪同就医。

5. 常见的精神疾病（未达精神障碍程度）：多动症是儿童最常见的慢性神经发育障碍，需要长期治疗。患儿常表现为与年龄不相称的注意力不集中、过度活动、行为冲动，通常智力正常或者接近正常，但是常伴有学习困难及多种共病。

建议解决方式：学校避免歧视、体罚或其他粗暴的方式对待多动症患儿。常用的非药物治疗方法有行为治疗和父母培训。对伴有学习困难的儿童应进行特殊教育，包括学习技能、学习方法和学习内容。行为改变干预技术通过对优良行为进行奖励来增加这种行为出现的频率，通过撤销奖励或适当施加惩罚来减少不良行为出现的频率，使得儿童养成良好习惯。学校还可以通过同伴监督、自我命令和社交技能培训来缓解其症状。行为治疗需要医生、父母、老师多方面合作，因此，建立一个有效的沟通机制是很有必要的。根据在学校的表现及时评估，必要时与监护人及时联系；对于需要休学或者复学的学生，学校给予必要的帮助。当学生出现持续性情绪异常、过激行为、影响学业生活的自伤或他伤行为，通过其他措施不能有效解决心理问题时，学校应及时联系监护人，陪同学生到精神门诊或心理门诊就诊。

这些建议能否落实，取决于教师自身的专业水平和知识积累。

我的思考与经验

4．老师可以给有心理问题困扰的学生家长提供哪些建议？

适用对象：班主任、心理老师、家长　　**适用场景**：教室、辅导室

洪洁州 回答

匿名 提问：在科普宣传时，我们可以给有心理问题困扰的学生家长提供哪些家庭指导建议？

如果不是针对具体的某个学生，那么我们提供的建议只能是针对家庭功能和家庭关系。但这些建议，大多只适用于讲座时的科普宣传，具体到不同的家长，适用情况还需要因人而异。比如：

1. 建立良好家庭氛围，做好孩子的榜样。父母是孩子的模范和表率，父母在养育孩子的同时，要谨记自己也是孩子的老师。一个良好的家庭氛围会让孩子获得和谐的生活方式和正确的行为准则。

2. 对孩子包容接纳。父母要接受孩子是一个独立的个体，是需要被尊重的，要接纳孩子的积极阳光，也要接纳孩子的不完美。接纳不是无条件满足，而是有条件关怀、尊重、接受。

3. 给孩子有效的陪伴。父母与孩子的关系对孩子来说是世界上最重要的关系之一。家长由于工作繁忙，因此在陪伴上多采用粗暴简单的方式：物质上的无限满足和有限的情感满足。有效的陪伴是帮助孩子树立正确人生观世界观的重要保障。

4. 对于多动症等常见的精神疾病，除了按医嘱服药、定期复诊，还要加强行为治疗，学会和孩子一起制定明确的奖罚制度，通过对优良行为进行奖励来增加这种行为出现的频率，通过撤销奖励或适当施加惩罚来减少不良行为出现的频率，使得多动症儿童养成良好习惯。

5. 与学校建立有效沟通途径。可通过参加家长会、与老师互加微信等方式获得学生在学校的情况，当学生在家中有异常表现时，可及时与学校沟通。

6. 寻求心理健康热线。心理热线为有心理救援需求的个体免费提供心理健康咨询，帮助他们纾解心理问题，24小时有专人值班。

7. 尊重科学。当孩子出现抑郁、焦虑、失眠、网络成瘾等健康危害行为时，如心理咨询效果不佳，可陪同孩子到心理门诊进行心理治疗或药物治疗，并将医师专业意见及时回复给学校。对于休学及复学的时机，建议听从医师的评估。

8. 当孩子出现持续性情绪异常、过激行为、影响学业生活的自伤或他伤，通过其他措施不能有效解决心理问题时，家长应及时陪同学生到精神门诊或心理门诊就诊。

第二章

环境适应
减轻分离焦虑,梳理内心冲突

章节说明：

环境适应是指个体在面对新环境或生活变化时，通过心理和行为上的调整，以适应新环境的过程。这个过程涉及到个体的生理、心理、习惯等多个方面。在一线的教育实践中，环境适应一词常和"入学适应、社会适应"混用。在学校环境中，环境适应尤为重要，因为它关系到学生能否顺利过渡到新的学习阶段，如从幼儿园到小学，或者从小学升入初中、初中升入高中或中职类学校等。

本章将探讨几个与环境适应相关的案例，包括上学困难、无法适应寄宿生活、不愿上学等。这些案例反映了不同年龄段学生在适应新环境时可能遇到的挑战，同时介绍了学校心理老师和班主任在处理这些问题时的工作思路和方法。

核心内容和主要观点如下：

1. **分离焦虑**：一年级学生可能因为与主要养育者分离而感到焦虑，导致上学困难。建议通过增加与孩子的共处时间，使用游戏疗法、沙盘或绘画等方法帮助孩子建立信任关系，梳理内心冲突。

2. **家校合作**：在处理学生适应问题时，心理老师需要与家长建立良好的合作关系，共同制订辅导目标和计划，帮助学生适应新环境。

3. **接纳和鼓励**：对于表现出困难情绪的学生，应接纳他们的情绪，鼓励他们表达自己的感受，如通过绘画等方式。

4. **同伴支持**：通过安排结对伙伴，帮助学生融入班级集体，减轻孤独感。

5. **适应障碍**：在面对明显的生活改变或环境变化时，学生可能会出现短期和轻度的烦恼状态和情绪失调，这被称为适应障碍。

6. **心理辅导技巧**：在辅导过程中，可以运用刺激控制疗法、放松疗法和矛盾意向疗法等来帮助学生缓解失眠、焦虑等症状。

7. **个体化辅导**：针对不同学生的情况，制订个性化的辅导计划，如对不愿上学的初三学生，需要了解其背后的深层原因，并提供相应的心理支持。

8. **家长的角色**：家长在孩子适应新环境的过程中扮演着重要角色，需要与学校合作，共同支持孩子的成长。

通过这些案例和讨论，我们可以看到，环境适应不仅仅是学生个人的问题，而是需要家庭、学校和社会多方面的共同努力。心理老师在这一过程中扮演着关键角色，通过专业的辅导技巧和方法，帮助学生克服适应障碍，顺利过渡到新的学习阶段。

5. 一年级学生上学困难，天天早上哭

适用对象：班主任、心理老师　　**适用场景**：教室、家庭

李宁 回答

> **匿名 提问**：我是一名没有实操经验的新手心理老师，现在遇到一个需要做心理辅导的一年级学生。家长及老师反映该学生上学困难，天天早上哭，但是到学校一段时间后又能正常上课，在家时也是正常的。大概是从10月份开始，该学生的情绪和行动越来越激烈，家长送孩子到学校越来越困难，家长希望孩子能跟心理老师聊一下，请问这种情况下如何做辅导？

从您的描述来看，该生似乎存在分离焦虑的问题。孩子入小学，既是一个从学前期进入学龄期的重要阶段，也是人生的一个重要转折。他们的生活要从以游戏为主进入以学习为主，这期间对孩子的生理、心理、习惯等的培养都非常重要。

如果没有做好相应的准备，那么到了小学，学生会遇到各种各样的状况，比如找不到厕所，上课憋尿，照顾不好自己，变得内向和自卑。这些体验，都会让学生对上学产生恐惧，继而抗拒上学。但至于是否已经达到了分离焦虑的状况，具体还要心理老师跟家长收集该生更多的成长信息来理解和评估。比如是不是难养育的类型？是不是独生子女，是否有和主要养育者被动分开的体验？多收集一些信息综合评估，如果确认是有分离焦虑，可以引导父母亲多与孩子增加共处时光，或者用游戏疗法、沙盘或绘画等，帮孩子重新体验信任关系，梳理内心冲突，看他究竟是在畏惧什么、抗拒什么。然后在幼小衔接的适应上，可以和老师一起，增加一些必备的习惯培养和技能训练，如行为习惯方面的准备可以从作息、自理、整洁、守时、礼仪等五个方面入手。

同行补充

陈银欢：一年级刚入学的孩子需要时间过渡到新校园的学习和生活，有些适应困难的孩子往往会出现10月份的"倒退期"，也就是上学变得更依赖家长，哭闹比较多。我们以为孩子度过了一个月的小学生活应该适应了，而情况往往相反。这时适应困难的孩子已经发现幼儿园和小学的区别，并用他们的"坏情绪"寻求关注。这时候开展心理辅导需要做好以下几点工作，争取家校携手，共育新苗。

1. "结盟"家长，达成共识。该生家长求助心理老师时，心理老师需运用自身专业知识帮助家长了解孩子目前的心理状况，并正常化看待孩子适应期出现的"倒退"表现，缓解家长的焦虑和担心。焦虑的情绪容易由家长传染给孩子，家长送孩子到学校就放心交托给老师，放学时尽量准时接孩子，增加孩子的确定感。在该生心理辅导目标和计划方面，心理老师需和家长商量，达成家校理念一致的教育方法和技巧。

2. 接纳孩子的困难情绪，鼓励表达。接纳孩子近期出现较多的哭闹情况，允许孩子拒绝上学的反复出现，耐心地支持孩子逐渐融入班集体。与此同时，鼓励孩子说出自己的感受或画出自己的情绪。心理辅导中我曾尝试用"画心"的方式让孩子表达自己的内心，效果不错。具体做法：让孩子在白纸上画上心形代表自己的心，并让他们用彩笔涂上不同的颜色代表心情，如红色-愤怒（自定义），由此可以了解孩子内心装着哪些情绪以及它们的占比，鼓励孩子用色彩来表达自己的情绪。

3. 安排结对伙伴，融入班级集体。一年级孩子在融入新班级时感到困难，他们因有较少熟悉的朋友而感到孤独无聊。心理辅导老师和班主任共同协助孩子适应集体时可安排较为活跃的小伙伴作为同桌，主动和该生聊天。针对到校时哭闹，班主任或该生熟悉的老师或小伙伴可在校门等待，接孩子一起入课室，这样会让孩子对校园环境有熟悉感。

📝 补充知识点

分离焦虑：是指与依恋对象分离时，出现的与年龄不适当的、过度的、损害行为能力的焦虑。

我的思考与经验

6. 一年级学生上学需要母亲陪伴，有明显不适应行为

适用对象：班主任、心理老师　　**适用场景**：教室、辅导室

陈银欢 回答

匿名提问：有一位一年级学生上学时需要妈妈陪读，妈妈不在就不愿意进教室上课，上学期情况更严重，会在校门口大哭大闹，本学期稍微好一点，哭闹没有那么厉害了。妈妈从本学期开学到现在都一直在学校，坐在老师办公室，孩子课间会来看妈妈在不在，已经陪伴了一个多月。妈妈偶尔不在的时候，孩子就会跑到角落哭泣。妈妈在家尝试过和孩子约定，但是第二天到了学校门口孩子还是老样子，不肯让妈妈走。孩子在校情况：行为习惯不是很好，和同学相处也容易产生矛盾。请问面对这种情况我可以从哪些方面进行辅导？

这位小朋友跟妈妈分离感到焦虑，安全型依恋不足，一学期还没融入学校班集体生活。我们可以先了解班级中他比较喜欢的老师、科目和同学有哪些，从以下几方面尝试做工作：

1. 安排班级同伴结对。一年级孩子能顺利融入集体的很大原因是找到了"好朋友"，班里有兴趣相投的伙伴下课一起玩。如果该生没有伙伴，可以跟班主任沟通物色个"好朋友"主动跟他玩，结伴学习和游戏。他跟同学相处容易有矛盾从一定程度上反映了该生表达能力不足，心理辅导中注重提供人际关系练习的场景，场景中的故事最好由该生或班级同学提供，模拟矛盾发生时的情景，让该生反思和总结有利于同伴相处的技巧。

2. 关于妈妈陪伴的指导。孩子离不开妈妈，也可能有部分原因是妈妈潜意识里不想孩子长大。这种成长分离的焦虑会让妈妈传染给孩子。心理辅导中引导妈妈正常化看待孩子分离时的哭闹，到学校交给老师处理。建议妈妈跟孩子在校门口完成简单的分别仪式后，妈妈就背对着孩子转身回家。

3. 关于与班主任的沟通。班主任、任课老师和心理辅导老师遇到班级上有这种孩子可正常化处理，如果孩子哭闹厉害，可以冷处理或带到办公室由老师看管。可尝试利用绘本故事（如《大卫上学去》）告知孩子在校行为规则。教室如条件允许设置冷静角，当他感到无聊或想找妈妈时，跟老师举手示意，用提前约定好的手势告诉老师，然后到冷静角坐一会儿。目标是逐渐减少该生找妈妈的行为，增加他自己处理困难情绪的能力。

📝 补充知识点

安全型依恋：根据儿童在安斯沃斯陌生情境测试中的行为和反应，可以把儿童的依恋类型分为四种，安全型依恋、回避型依恋、矛盾型依恋、混乱型依恋。其中安全型依恋指在陌生环境中，只要妈妈在场，儿童就很自在，可以独立地探索环境。尽管妈妈离开时儿童也会不安，但他们在妈妈回来后会马上到妈妈身边寻求安慰。并在安抚平静下来之后，能够再次出发去探索周边。

我的思考与经验

---

7. 因上幼小衔接班时老师要求严格，一年级新生惧怕进课室

适用对象：班主任、心理老师　　**适用场景**：教室、辅导室

冯荫 回答

匿名 提问：一年级新生由于暑假期间家长安排上幼小衔接班，班上老师要求非常严格，学习任务很重，由此产生阴影。现在到了班级门口不愿意进去，老师上课时她就一直站在门口听，不论老师如何鼓励、邀请都不愿进去。妈妈在门外也一直鼓励，可是孩子还是不进教室。我该如何引导这个孩子？

这个案例属于小学一年级学生厌学情绪的典型，尤其是适应新环境比较缓慢的学生比较容易出现逃避的现象。

建议班主任和心理老师在辅导该生时，辅导理念要体现在尊重学生当下的情绪感受，让学生在被看见后，再加以引导。即不勉强学生一定要回到教室，可以给她一些支持，例如搬个椅子给她坐，再通过聊天、谈心、点赞等来建立信任感。你可通过观察她的外表（表情和肢体动作）找到聊天的契机，与她充分沟通，针对她内在担忧的点进行疏导与安抚，弱化或消除学生对学习的抗拒，找到积极的点进行赞美赋能。在建立了良

好的关系后，你可以利用课间休息的时间邀请学生带老师进入教室，介绍分享她的文具、书本等，最终鼓励学生留在教室上课。

根据实际情况，如果需要处理其他学科老师与学生的关系时，我会建议你，如果有条件的话，可以邀请相关老师带学生去辅导室玩一些游戏器材或者沙盘游戏，让双方有良好的互动关系，亲切的师生关系可减少学生对老师的抵触。

此外，同伴关系的构建也是非常重要的，可以建议班主任邀请班级活泼开朗的孩子或她的幼儿园同学在课间找她说话，和她一起游戏，借助同伴的力量带她回教室，在小学阶段同伴的力量是最大的。特别强调一下，在所有的过程中我个人不建议家长在场，所以要提前做好对家长的解释、沟通工作。

同行补充

陈银欢： 学校"可怕"的印象已刻在孩子的内在感觉里，要她重新改变这种感觉需要学校老师和家长的耐心，也需要技术上的软硬兼施。

1. 从学校老师层面。①先说"软"的技术。如你是同性别的班主任，可课后多与该女生玩游戏，建立信任，多给予身体上的鼓励（如摸头、拍背、拥抱）。每次放学前做约定和承诺，告诉该生你明天想见到她来学校。可能头几次还会反复，上学时还是哭闹，只要她愿意拉着你的手哭着走进课室门口，就要鼓励她今天比昨天有进步，赞赏孩子愿意尝试改变，老师喜欢成长的她。此外，课间多安排友善的小伙伴和她一起玩游戏，邀请心理老师来上节新生适应心理课，增加班级支持。②再说"硬"的技术。允许她站在门口（事前跟学校相关管理领导说明白，以免造成你体罚的假象），等她站累了再邀请她进来课室内，老师只是给予关爱眼神的提醒。或者在课室门口放个凳子，让她坐着，先安抚好她的情绪再上课。最重要的是对孩子有耐心，她最终会平静下来回归班集体的。

2. 从家长配合层面。安抚家长的焦虑情绪，正常化看待孩子的担心和害怕，有条件的家庭可购买、阅读和上学有关的绘本，如《大卫上学去》。孩子放学回家后多拥抱、亲吻孩子，增加孩子的安全感。

📝 补充知识点

适应障碍：是指在明显的生活改变或环境变化时所产生的短期和轻度的烦恼状态和情绪失调，常有一定程度的行为变化等，但并不出现精神病性症状。

我的思考与经验

8. 初一新生无法适应寄宿生活，严重失眠

适用对象：心理老师、班主任　　**适用场景**：辅导室

李宁 回答

> **匿名 提问**：有个初一的学生，从9月份开学到现在，一直适应不了学校的寄宿生活。学生晚上很难入睡，中午午睡也睡不着，一天只睡三四个小时。学校是寄宿制，不允许走读。学生之前从没寄宿过。周五回家后睡得比较踏实，但是一到周六晚上，由于想到周日就要返校了，他又开始睡不好了。对于这种情况，我怎样做才能帮到他？

学生长期失眠的情况有可能是环境、心理的双重作用，建议先转介去医院，排除器质性病变，之后在临床心理门诊接受评估，看是否需要药物介入。

失眠是一种症状，而不是一种疾病。大多数失眠有可能是抑郁或焦虑的躯体症状，该生因担忧返校而产生焦虑，因此，不排除是伴随焦虑的躯体症状。若不存在睡眠障碍或其他符合DSM-V诊断的症状，可以考虑学校跟家庭商议特事特办的可能性。也可以具体到情景中，让该生觉察学校住宿和住家的差别。通过询问，判断这个状况是否跟依恋关系有关，从而进一步考虑咨询方向和咨询计划。美国心理学协会指南（APA）针对失眠问题，给出经证实确实有效的方法有：刺激控制疗法、放松疗法和矛盾意向疗法。

就目前看来，关于该生的背景信息收集不足，还需要收集成长史、同伴支持、就医史、家族遗传等信息，对来访的情况个案概念化后，才能共同确认下一步咨询的方向。

📝 补充知识点

1. DSM-V：《美国精神疾病诊断标准》。

2. 刺激控制疗法：是治疗失眠的有效方法，主要目的是训练失眠病人反复将床和卧室与迅速进入睡眠状态联系起来。尤其是那些对床和卧室产生条件反射性失眠的病人

这种方法是很有效的。刺激控制疗法包括以下指导步骤：

（1）仅在产生睡意时才上床睡觉。

（2）不要在床上和卧室中进行除睡觉以外的其他活动。

（3）如果上床15～20分钟内不能入睡，则应立刻起床，到另一个房间；只有当产生睡意时才再回到床上。

（4）无论夜间睡多久，第二天早上应按时起床。

（5）避免白天小睡。

3. 放松疗法：是治疗失眠的有效疗法。方法是逐步放松全身不同的肌肉群。这种方法对整天都保持高警觉度的失眠病人非常有效。

4. 矛盾意向疗法：是劝说失眠病人从事他们最害怕的睡眠行为，即不睡。这种疗法的主要目的是为了消除焦虑，因为焦虑可以抑制睡意。如果病人不再试图去睡着，而是自然而然地保持清醒状态，这样将会减轻焦虑症状，反而可能更容易睡着。由于病人对这种疗法的反应不一，所以究竟适合哪一种失眠病人目前还不清楚。

我的思考与经验

---

9. 初一男新生开学后常出现呕吐、头晕、手麻等现象

适用对象：心理老师　　**适用场景**：辅导室

翁卓祺 回答

匿名提问：初一重点班男生，开学后因为肠胃炎请假两周，回校上学后经常出现呕吐、头晕、手麻的现象，去医院做了检查可以排除生理因素。该生返校上学的第一天进行了数学周测，成绩非常低，其他学科也落下两周课，因此压力大，焦虑情绪也比较重，同时会伴随生理症状（呕吐、头晕或手麻）。学生的这种情况是焦虑症的症状吗？个人认为这个学生是小升初后认知未转变、学习压力过大导致，请问从这方面入手辅导

合理吗？有没有更好的建议？

首先，从你提供的信息看，你对该生的情况是比较了解的，也掌握了很多信息。可以看出他确实存在比较严重的焦虑情绪，还有躯体化的症状。因为我们做的是学校心理工作，心理老师不参与精神科的疾病诊断，也没有处方权。在看到精神科医生的诊断之前，我们与其说这是"焦虑症的症状"，不如表述为"焦虑的情绪"。

其次，在对学生的症状归因上，你提到的升学适应和个人抗压，都是有可能的。我们也可以多收集一些信息，比如小学时期（或更早之前）是否有过类似情况，家庭教养方式是否为专制型等。包括学生请了两周假，班主任、心理老师、学校领导都可能接触到家长，从家长处了解更多信息。这些都是可以入手的方向。

最后，当务之急是先为该生提供支持性的帮助，缓解他的情绪，比如用腹式呼吸、正念/冥想等帮他进行放松；待状态稳定一些，再做进一步的干预性工作，比如了解他的焦虑来源，日常应对焦虑的方式（极有可能是非适应性的方式）、心理辅导目标的制定等。

我的思考与经验

10. 成绩优秀的初三学生突然厌学沉迷游戏

适用对象：心理老师、家长　　**适用场景**：辅导室、家庭

翁卓祺 回答

匿名 提问：我是一名新入职的心理老师。开学后有个初三的学生就是不愿意上学，父母怎么劝说都没有用。这个学生放假前成绩非常好，家长说孩子是玩了"王者荣耀"才不肯上学的。学校希望我多去家访并给学生做心理辅导。请问对于学生不肯返校这种情况，我应该怎么做？

新入职就遇到家访，你可能会有些担心、有些困惑。学生不肯返校一定是有原因

的，至于是家长说的玩游戏还是其他情况，第一手资料依然来自学生。

本次家访如果有其他人随行（比如校领导、班主任），你可以先和他们商议好，争取多留一点时间给你，让你和学生在一个独立、安全的空间里沟通。沟通的过程包括建立关系、收集信息、寻找正向资源等。而这一切工作的基础，是对学生当下各种感受的共情。

在和家长单独沟通的过程中，我们可以多了解亲子关系的相处模式，共情家长的焦急心情，肯定家长对孩子的正向帮助，并提供改善亲子关系的一些小建议；同时做好心理科普：孩子不上学只是表面症状，了解背后的深层原因比强行让孩子返校更能彻底地解决问题。

我的思考与经验

11. 开学不久，初一新生就医后被诊断为有抑郁焦虑倾向

适用对象：班主任、心理老师　　**适用场景**：辅导室、教室

乔翠翠 回答

匿名 提问：我们学校有一位刚入学的女生，在军训期间出现失眠、情绪暴躁等不良反应。家长带她去就医，医院诊断为睡眠障碍，又做了汉密尔顿焦虑量表和汉密尔顿抑郁量表测试，其中汉密尔顿焦虑量表总分为19，判断为"肯定有焦虑"；汉密尔顿抑郁量表总分为26，判断为"肯定有抑郁"，医生开了佐匹克隆片和脑心舒口服液。学生的父母离异，和爸爸一起生活，有一个哥哥，和哥哥关系比较好。在军训前的一个半月，该生开始出现失眠，向家人提过此事，但家人没有重视。请问作为学校心理老师该怎样评估学生能否复学？应该怎么出具意见？

先主观地猜测（不一定对），该生在开学前一个半月出现失眠症状，入学四天后就医，可能是情境性抑郁，跟她小学毕业后与原来的朋友和同学分开有关系。

首先，该生的问题从出现到诊断间隔一个半月，这已经算中学生中反应速度很快的

了,并且医生给出诊断"肯定有焦虑、肯定有抑郁"后,当事人及其家人并不介意药物治疗,可见治疗态度很积极,配合度很高,这都是有利于治疗和康复的。医生开的佐匹克隆片在临床上可以治疗各种原因引起的失眠症,尤其适用于不能耐受次晨残余作用的患者,其实质是一种催眠药;脑心舒口服液是一种镇静安神的中成药。看到这里您会不会更加放心一点呢?(我的一个小习惯:从医生开的药反推症状的严重程度)所以我对这个学生的后续发展持比较乐观的态度。

其次,心理老师都很清楚一点:抑郁情绪≠抑郁状态≠抑郁症,现在很多医生在诊断时也非常谨慎,"抑郁发作"是一个症状而已,当事人具体是什么问题/疾病,还需要更长时间的观察。或许是抑郁,或许是双相,或许是其他的精神疾病。还有,抑郁和焦虑往往会伴随发生,所以不用特别担心"又有抑郁又有焦虑",这并不代表学生的问题特别严重和复杂。

再次,初中新生入学一般都有一个月左右的适应期,原本没有心理问题的同学也会有适应不良的表现;原本有心理问题的同学在陌生的环境里,像在军训期间容易被诱发原本的问题,如果及时介入,随着其适应性增强就会逐渐平复。所以一般学校的心理普查会在开学一个月后开展,因此也不用特别担心。

您的问题是"作为学校心理老师怎么判断学生能否复学",我的理解是,该生并没有办理休学,所以在程序上不存在复学这一说。所以我暂时理解为学校为了保险起见,请心理老师来评估这个学生适不适合正常上学。我的建议是,如果学校觉得必须要有一个人或者机构给出这样一个评估的话,还是请该生的主治医生出具康复证明(如果无法开具,可以在诊断意见写"建议复学""可正常学习"之类的判断),然后交给学校存档。

更重要的是,该生入学后心理老师需要做的事。第一,一定要做好档案管理。第二,给相关的班主任、老师做好危机干预的科普。让他们学习基本知识,知道如何正确相处,避免焦虑,避免戴着有色眼镜看学生,避免不恰当言行给学生造成二次伤害。第三,抑郁症患者即使吃药,病情也还是会反复,因此一定要做好追踪。

我的思考与经验

第三章

情绪困扰
剥开迷雾,看见孩子的真正需求

章节说明：

　　情绪困扰是指个体在面对生活中的压力、挑战或冲突时，出现的一系列情绪反应，这些反应包括焦虑、抑郁、愤怒、恐惧等，且这些情绪可能影响个体的日常生活和社交功能。在中小学生中，情绪困扰可能表现为厌学、情绪失控、攻击性行为、自伤行为等。

　　本章将探讨不同年级学生面临的情绪困扰的相关案例，包括不愿上课、情绪失控、情绪不稳定、抑郁焦虑倾向、情绪敏感易失控等问题。这些案例反映了不同年龄阶段的学生可能遇到的情绪困扰问题，同时介绍了学校心理老师和班主任在处理这些问题时的工作思路和方法。

　　核心内容和主要观点如下：

　　1. 对于有情绪困扰问题的学生，首先要进行全面的信息收集，了解学生的家庭背景、社交状况、学校生活等，以便更准确地评估和干预。

　　2. 在处理情绪困扰时，心理老师和班主任应采用多种方法，如ABC行为功能分析、情绪表达训练、放松技巧教学、行为主义代币制等，以帮助学生建立适当的情绪表达和行为模式。

　　3. 家校合作在处理学生情绪困扰中至关重要。心理老师需要与家长沟通，提供家庭教育指导，确保学生在家庭和学校都能得到支持。

　　4. 对于情绪困扰严重的学生，应及时转介到专业的心理机构进行诊断和治疗，以免延误干预时机。

　　5. 在学生情绪困扰的干预过程中，心理老师应保持耐心和同理心，避免给学生贴上标签，同时要注重保护学生的隐私和尊严。

　　6. 对于情绪敏感易失控的学生，可以教授他们一些情绪管理技巧，如深呼吸、渐进性肌肉松弛法等，帮助他们在情绪激动时能够自我调节。

　　7. 对于情绪困扰的学生，心理老师应持续跟进，观察学生的情绪变化和行为表现，及时调整干预策略。

　　通过这些案例和讨论，我们可以看到，情绪困扰是一个复杂的问题，需要多方面的关注和支持。作为教育工作者，我们不仅要关注学生的学业成绩，更要关注他们的心理健康，帮助他们建立健康的情绪管理和应对策略。这对教师而言，才是更大的挑战。

12. 害怕同学嘲笑，二年级学生没有勇气走进教室

适用对象：班主任、心理老师　　**适用场景**：教室、辅导室

乔翠翠 回答

> **匿名 提问**：有个二年级男孩不想上学，原因是想妈妈。开学后就极度排斥进教室，跟着老师们都可以，就是不进教室。他成绩不错，觉得自己在家也可以学习，在学校没意思，同学会笑他爱哭，也会欺负他，所以始终没有勇气去教室上课，看到班上那么多人会很害怕。他也看过心理医生，测试结果是在抑郁和焦虑的边缘。作为心理老师应该怎样辅导这样的学生？

提问中关于男孩的信息不是很全面，所以不能给出很直接的建议，下面是一些工作思路建议。

1. 这位同学是升到二年级之后才发生这种状况吗？如果一年级时很正常，为何现在突然变成这样？是正常的分离焦虑，还是一、二年级的过渡时期家中发生了压力事件？

2. 这位同学一年级时在校的同学关系和校园生活怎么样？是否有"创伤事件"或其他导致其产生强烈、持续负面情绪的事件？若有，要立即排查并严肃处理。

3. 小孩表示"在家也可以学"，那么他在家学习的时间具体是如何安排的？是否有成年人陪伴？学什么内容？学多长时间？使用什么学习资料和学习形式？学习效果如何？每天在家除了"学习"还做些什么？这些学习外的活动占用多长时间？和谁一起？尽量详细地了解他在家的活动安排，因为实际工作中，很多说"在家也能学"的小孩基本都不学，在家更方便使用电子产品。

4. 医院对小朋友的诊断结果是我们开展工作的参考，但是不要因为"抑郁"就过度担忧或害怕面对。"抑郁和焦虑的边缘"不代表是抑郁症或抑郁状态，也可能只是其他心理问题的表现之一。从学校心育的角度来看，针对该生的所有辅导活动都要做好记录，规范整理档案。

5. 当弄清楚该生的详细信息后，开展辅导时要注意，对于二年级的小朋友，在辅导过程中要擅于使用多样的工具，例如绘画、沙盘、绘本等。

6. 善于动用学校的其他心育力量，如班主任、导师团队。充分利用主题班会、班级活动、年级活动等，将心育的理念和技术与班级团体活动结合，增强团体动力、班级

凝聚力，引导同学们学会合作、互相支持，让班级氛围温馨、和谐，孩子就比较容易放松下来。

提醒：小男孩说"担心同学们笑自己爱哭，欺负自己"不一定是学校生活不愉快，还有可能是其内心安全感缺失的泛化的表现。所以针对他的辅导工作一定要取得其家长的信任和配合，否则效果会打折扣。

【写给班主任的温馨提醒】学生在校期间主要是在班级度过的，所以在这位学生恢复期间，班主任可以和他多进行沟通及情感互动，让他在学校有情感链接的人，在班级也更有归属感。例如当他说想妈妈的时候，可以使用一些共情式的语言：我看到你因为想妈妈很难受，老师小时候也会这样……再找一些性格比较包容、开朗的孩子给予陪伴与支持，对于小学生而言同伴的力量也是很大的。当他情绪较平稳时，可安排他根据他的特长为班集体做一些事情，转移注意力，也能增加自信。

以下是对班主任的建议：①为更好地帮助这个学生，需要了解学生家庭的具体情况。②班主任是与学生相处最紧密的人，对于人际关系敏感的学生，可通过定期谈心、利用教育契机指导其开展健康的人际交往。③在班级管理中构建接纳、关爱的班级氛围，给有特殊需求的学生关爱与帮助。

我的思考与经验

13. 二年级学生经常情绪失控，爱发脾气

适用对象：班主任、心理老师　　**适用场景**：教室、辅导室

冯荫 回答

匿名 提问：最近遇到一个二年级的孩子，班主任反映从一年级开始就常常情绪失控，有时在课堂上嚎啕大哭；有时躺地上不愿意去上课，或者自己走出教室在校园里逛；有时一生气就不跟路队，自己到处走，谁说都不听，发完脾气又跟没事人一样，自

己又会回到班里。家长反映这孩子在家和校外托管的时候也经常情绪失控，常跟哥哥发脾气，跟同学闹矛盾。孩子三岁之前没在妈妈身边，家里人很惯着她。请问老师，像这个孩子的情况心理老师可以从哪些方面来辅导？

针对个案学生不合适的情绪表达，可参考以下的工作思路：

1. 收集个案学生5～10条行为表现，可以制作成表格进行ABC行为功能分析，ABC分别代表"Antecedent（刺激）""Behavior（行为）""Consequence（后果）"，这种方法可以帮助人们分析他们的行为，找出不良行为背后的原因，从综合分析上选择合适的干预策略，并采取措施减少或消除不良行为。

2. 从描述看，个案的情绪表现主要还是希望引起关注、获得满足。我们要明确一点，需求是没有对错的，但表达的方式有对错之分，针对学生不合理的表达方式需要教师与家长的正确引导。所以我们对个案进行个体辅导时，在充分共情之后，重点要通过行为改变的策略帮助个案建立规则与界限。

3. 在与家长老师沟通中，可以引导大人看到孩子的需求，深层次可能安全感不足。所以重点引导家长给予孩子切实的安全感，多点高质量的陪伴、关心。老师能构建温暖的班级氛围，在实操中可以在班级中设立"关爱小天使"等。

4. 各方面关系建立好之后，可以由心理老师统筹使用行为主义代币制来帮助孩子正确表达情绪。

补充知识点

代币制（token program）：是用象征钱币、奖状、奖品等标记物为奖励手段来强化良好行为的一种行为治疗方法。主要实施步骤包括明确目标行为、确定代币、确定后援强化物、确定代币交换系统、实施代币制，将期望的行为移植到自然情景中。

我的思考与经验

14. 小学低年级学生不如意就情绪失控，伴有攻击性行为

适用对象： 班主任、心理老师　　**适用场景：** 教室、辅导室

陈银欢 回答

匿名 提问： 这学期我接到过三四个小学低年级班主任的求助，他们班上都有情绪容易失控的学生。具体情况各有不同，但他们有一些共性，例如遇到不如自己意的事情，情绪就立马失控，做出一些带有攻击性的行为，有敲头的，有用手捶桌子的，有与老师发生肢体冲突的。班主任都会先平复他们的情绪，再与他们交谈了解情况，同时会与家长沟通，但家长和老师的努力收效甚微。我曾经通过绘画的方式与这些孩子进行沟通，但是效果不好，孩子多数情况下保持沉默。对于低年级的学生我没有什么经验，请问老师，我应该往哪方面努力？

小学低年级学生情绪容易失控，行为冲动并伴有攻击性。班主任期待你能对这些学生进行干预，你也尽自己努力尝试过，但效果甚微。

首先，结合心理老师初步评估和班主任日常观察，共同分析孩子的情况。患有器质性病变、情绪障碍或多动症的孩子会存在多动、冲动的情绪和行为，这类孩子只通过教育的方式干预效果甚微。建议学校与家长沟通，带孩子到专业的心理医院就诊，评估低年级学生的问题行为是否由以上原因导致。

其次，在排除孩子患有情绪障碍或多动症倾向的情况下，需要通过家校合作的教育方式协助调整行为。学校班主任和心理老师及体育老师可协同工作，体育课上对孩子进行感统训练及其相关的身体控制训练活动（如体育运动和功能性动作训练），增加身体控制能力，发泄多余的精力。班主任营造班级关爱氛围，设立冷静角接纳孩子的情绪。与此同时，通过行为训练强化正向的行为表达，如孩子情绪失控时，可先让他们拍打篮球发泄情绪，替代敲头捶桌子等攻击行为。心理老师要教会孩子学习放松身体的技巧，如呼吸放松法；还可以开设团体活动课程模拟冲突情境，协助孩子练习正确的情绪表达。

此外，了解这类孩子的家庭教养情况，心理老师提供家庭情绪管理指导的建议，争取家长和学校的积极配合，协助孩子调整冲动行为。

我的思考与经验

15. 四年级男生上课哭闹，容易躁动

适用对象：心理老师、班主任　　**适用场景**：辅导室

闫芳 回答

匿名 提问：我在心理健康教育课上会放一些心理动画片给学生们观看，最近两节课有个四年级男生说不喜欢看这些动画片，在课上一直哭喊。课后我跟班主任还有一些学生了解情况，得知他三年级在老师播放电影时也会这样，但看到有趣的地方又会停止哭闹。该生平时上课也容易躁动，别人一惹他就会生气。我怀疑这个男生患有恐惧症，以这种烦躁的方式表现出来。遇到这样的情况我该怎么去引导呢？

从描述来看，这个男生有可能患有恐惧症，也有可能是创伤后的应激反应，但没有诊断，不能轻易下诊断贴标签，建议及时转介到有资质的心理机构进行进一步的诊断和治疗。

也许这个孩子经历过重大创伤事件，如果我们有能力且孩子愿意的话，可以找他聊一聊；如果不敢保证咨询效果，不要轻易直接询问他过去的事情，以免造成二次创伤。作为心理老师，我们可以找他的家长聊一聊，了解他童年的成长经历。

如果上课时再遇到这种情况，建议先使用放松训练、安全岛或者保险箱等稳定化技术，使学生情绪快速平稳，继续上课。课后再找合适的契机，也可以让孩子说说自己的感受，教给他恰当的情绪表达和宣泄方式。

同行补充

彭超（高中专职心理教师、硕士，曾获烟台市心理健康优质课一等奖、烟台市高中心理健康教育在线优质课程资源一等奖）：根据描述的情况来看，该学生不止一次出现过这种状况，可以了解一下三年级时老师播放的是什么电影，他是不是在看所有视频时

都有这种表现；同时可以做好记录，他是否对某一特定类型的视频内容很抗拒。如果课程内容一定要增加视频，可以在观看前先简要介绍视频的内容，减少因内容的不确定性给该生带来的恐慌，同时也可以在课程中多走动，与该生的距离稍微拉近一些，给其一定的安全感。如果学生对心理老师比较信任，愿意进行咨询的话，可以引导学生说出不想看视频的原因。此环节不一定要让学生说出让他感到痛苦的经历，可以围绕播放的视频和课堂表现上。必要时与家长联系，了解其成长经历。在得到家长同意后，如果心理老师本人擅长处理这方面的问题，可以适当尝试进一步咨询。如果学生比较抗拒，则要及时停止。在此期间，如果学生情况加重或出现更多异常行为，则要建议家长及时到专业机构寻求帮助。

补充知识点

稳定化技术：是通过引导想象练习帮助当事人在内心世界中构建一个安全的地方，适当远离令人痛苦的情景，并且寻找内心的积极资源，激发内在的生命力，重新激发解决和面对当前困难的能力，促进对未来生活的希望。因此，该技术主要用于危机干预的初始阶段，以帮助当事人将情绪和认知水平恢复为常态，从而接受下一步的治疗。常见的稳定化技术有：保险箱技术、遥控器技术、安全岛技术、光柱技术、吹气球技术、着陆技术、内心的花园技术、渐进式放松技术等。

我的思考与经验

16. 小学生上课注意力不集中，小动作多，情绪容易冲动

适用对象：班主任、心理老师、家长　　**适用场景**：教室、辅导室、家庭

乔翠翠 回答

匿名 提问：有的小学生上课时小动作非常多，注意力不集中，情绪冲动，经常因

为与同学闹矛盾而砸东西。班主任劝家长带孩子去医院做心理检查，但是家长不愿意。请问这种情况下心理老师可以怎么做？

根据您的描述，家长不愿意带孩子去医院诊断，可能是担心给孩子贴标签，或是家长不愿意协助，也有可能家长根本不觉得这事值得关注。

建议您作为心理老师约谈家长，了解家长的顾虑，同时破除家长对"多动""心理问题"等名词的"污名化"负面认知。家长担心孩子去医院检查后会被定性，影响日后孩子在校学习，以及将来的升学，这种心情是可以被理解的。但是，如果孩子真的患有多动症而做诊断，那将失去及早干预、恢复正常社会功能的机会。

不论这个孩子去不去医院诊断，他的行为表现都不可能快速发生实质性的改变，我们要从以下几方面开展工作：

1. 跟家长保持联系，多给家长支持，不管是科普知识还是情感支持。

2. 班主任和科任老师一定会因为课堂受影响而心情变差，如果老师们找您的话，给他们一些支持和鼓励，肯定他们的努力和成绩。

3. 采取具体措施帮助"多动"儿童减少不良行为。具体措施有：①建议班主任张贴行为守则，监督告诫。②建议班主任将该生安排在远离窗户、门的座位。③爱发脾气是因为不太懂得表达情绪，所以要训练情绪表达能力。④和同学闹矛盾之后，该生爱砸东西，是因为不太会用语言沟通，所以需要提高语言沟通能力。⑤特别好动，因为精力比较充沛，可以在课后多进行体育运动。

以上建议都需要学校和家长的密切配合，当然，校外的时候就得靠父母了，所以在这里建议您（或班主任）与家长沟通时应注意：①不带评价地解读孩子的行为、孩子现在及未来会遇到的困境与压力。②帮助制定循序渐进的目标，切忌急于求成。③家长一定要与孩子建立良好的亲密关系，成为孩子真正的依靠。

我的思考与经验

17. 初一学生情绪很不稳定，容易发火，愤怒时有自伤行为

适用对象：心理老师、班主任　　**适用场景**：辅导室

翁卓祺 回答

> **匿名 提问**：初一学生来咨询，他最近情绪很不稳定，常常因为一些小事发火。上周和一个同学发生了一点儿矛盾，控制不住愤怒回到宿舍就用衣架打自己的头，还用头去撞宿舍的防盗网。从班主任处了解到，学生上学期也有发生类似状况，这上半学期好一些，最近又开始旧态复萌。学生跟妈妈一起生活，爸爸在外地工作很少回家，妈妈有时在家情绪不好也会发泄在孩子身上。请问老师，这种属不属于躁狂表现？需要建议家长带孩子去专业机构诊断吗？

　　首先，不知你是如何定义"躁狂"的，青春期的情绪波动常会给人一种"非常态"的错觉，我更倾向于该生可能有"人格障碍"。但在没有看到医院的确诊之前，我们先持保留态度，将焦点放在学生的情绪处理上。

　　其次，我们看看学生的具体表现。"常因为一些小事发火""打自己的头"是学生采取的非适应性情绪表达。我们可以帮助学生觉察这一点，还可以引导学生思考：除了这样激烈的、非适应性的做法，有没有其他更好的方式来表达情绪、解决问题呢？如果有，他愿意试试吗？如果不愿意试或试了没有用，可再进一步探讨深层原因。

　　另外，根据你提供的信息，"妈妈有时在家情绪不好也会发泄在孩子身上"，或许也让孩子养成了对情绪表达的"观察学习"。我们可以请家长到学校进行沟通，在家长身上做一些努力。

我的思考与经验

18. 初二女生喜欢独处，爱幻想又讨厌胡思乱想，在乎他人评价又不想受影响

适用对象：心理老师　　**适用场景**：辅导室

乔翠翠 回答

匿名 提问：我遇到一个转学到我校的初二女生，性格较为内向，经常会莫名地产生烦躁情绪，并且不想与人沟通。她会享受独处状态，放空自己，内心幻想一些事，但同时又讨厌自己总是控制不住胡思乱想；有时会觉得自己的行为和想法很奇怪，担心别人对自己有负面评价，却又表示不想理会别人的想法。现在她主动向老师求助，请问我该如何引导她？

看到您的描述，建议您先和学生详细聊聊，收集更多信息，然后再考虑是否转介。比如：①烦躁情绪等表现出现了多久？②是否还记得最开始是因为什么出现了这种情绪？③目前这些情况是否影响到她日常的生活和学习？影响的程度？④这些烦躁情绪是否有扩大化的倾向？⑤转学原因是什么？以前是否出现过类似的情况？⑥有患有精神疾病或存在心理问题的家人吗？

另外，初中生情绪波动比较大，假想观众、自我中心、同伴影响变大，这些都是正常趋势。所以，也可以问问她：据你观察，其他同学是否出现过这些情绪或行为？

转学是一个压力事件，初二是容易"中二"的年级，心理状态的剧烈波动属于正常现象。如果针对以上问题她提供的信息达不到神经症诊断标准，您可约谈家长，告知情况，再观察一段时间。如果您觉得疑似神经症或难以判断，建议转介，向她做好相关知识的科普，尽量减轻她的担忧。

📝 补充知识点

1. CCMD-3关于神经症性障碍

1）总的诊断标准如下：

（1）症状标准至少有下列一项：①恐惧；②躯体化症状；③惊恐发作；④神经衰弱症状；⑤焦虑；⑥强迫症状；⑦躯体形式症状；⑧疑病症状。

（2）严重标准：无法摆脱的精神痛苦或社会功能受损，促使其主动求医。

（3）病程标准：符合症状的标准至少三个月，惊恐障碍另有规定。

（4）排除标准：排除器质性精神障碍、精神活性物质与非成瘾物质所致精神障碍、各种精神病性障碍如心境障碍、精神分裂症与偏执性精神障碍等。

2）鉴别诊断：神经症与其他精神疾病在症状上无明显的特异性，诊断神经症之前，须先排除其他精神疾病和躯体疾病。

2. 强迫幻想症：强迫性神经症的一种，属于强迫观念。强迫观念表现为反复而持久的观念、思想、印象或冲动念头。强迫症的基本症状是强迫观念和强迫动作，患者可仅有强迫观念或强迫动作，或既有强迫观念又有强迫动作。患者能充分地认识到这种强迫观念和强迫动作是不必要的，但却不能以主观意志加以控制。由于强迫症状的出现，患者可伴有明显不安和烦恼，但有强烈的求治欲望，自知力保持完整。

我的思考与经验

19. 初二女生敏感易失控，经常独自哭泣

适用对象：班主任、心理老师　　**适用场景**：教室、辅导室

王雅 回答

匿名 提问：刚遇到一个案例，一名初二女生，由班主任推荐过来做心理辅导。班主任表示该生非常敏感，经常会在晚自习时跑出去独自哭泣。据学生本人叙述，被同学传谣，内心委屈就想哭，有时还会咬自己，想打造谣的人。建议她可以通过运动、听音乐、找他人倾诉或写日记等方式来排解情绪。但她表示这些方法可能没有用，但愿意尝试一下。当她想要打人时，建议她寻找抱枕、被子或其他替代物品，将想要说的话对着它说出来，打过去。这样辅导恰当吗？下一步应该如何辅导？

从目前了解到的情况看，这些处理方式是合理的，运动和听音乐可以帮助她释放紧张情绪；倾诉和写日记可以让人将内心的感受表达出来，减轻压力；使用替代物品来发

泄情绪也是一种有效的方法，可以避免对他人造成伤害。为了更好地处理这个问题，可以考虑以下方法：

1. 深入了解情况。老师要更深入地了解这个学生的情况，她的家庭背景、社交状况、和同学的关系等，这些都可能影响到她的情绪。被同学传谣让她觉得很难受，她之前有没有跟这位同学进行沟通？或者采用过什么方法去解决这个问题？这样我们才能更全面地了解她的问题，然后有针对性地帮助她。

2. 您还可以教她一些放松的技巧，比如深呼吸、渐进性肌肉松弛法、想象放松等。这些都能帮助她更好地控制自己的情绪，避免做出冲动的行为。

3. 和班主任、家长一起合作。你们可以一起分享观察和建议，共同制订一个支持计划。特别是当孩子出现这样的情况时，家校合作是非常重要的，确保学生得到全方位的支持。

4. 家医校协作。如果这种情况已经持续了一个月以上，而且出现了严重的自伤行为，我建议尽快转介，这样能更好地帮助她应对情绪困扰。

同行补充

陈曦（专职心理教师、一级教师、学校督导评估部主任、重庆市南岸区教育学会家校社共育研究会副秘书长）：如果主要困扰她的情绪是"委屈"，那在咨询中可以进行一些"委屈"的外化，先带领她做身体放松练习，在身心放松的状态下请她去想象：如果委屈在她的身体里，那是在身体的哪里？请把关注点放到那里；如果委屈有形状，它是什么形状的？它有多大？如果委屈有颜色，那它是什么颜色的？如果委屈会说话，它可能会对你说什么呢？请她把委屈画在纸上，陪着来访者一起去探寻：委屈一般出现在哪些时候？让来访者看到委屈出现的模式，增加觉察；委屈的出现是想告诉你什么呢？让来访者去看到"委屈"背后的功能与意义。

📝 补充知识点

渐进性肌肉松弛法：是一种通过有意识地放松身体肌肉来达到身心放松的技巧。它可以帮助缓解紧张和焦虑，促进身心健康。以下是渐进性肌肉松弛法的步骤：

1. 找一个安静的地方坐下或躺下，保持舒适的姿势。闭上眼睛，开始专注于自己的呼吸。

2. 从头部开始，逐渐收紧每个部位的肌肉，然后保持紧绷5~10秒钟。可以先集中注意力在面部肌肉上，然后逐渐向下移动到颈部、肩膀、手臂、胸部、腹部、臀部、大腿、小腿和脚部。

3. 在紧绷肌肉的同时，感受它们的紧张和压力。然后缓慢地放松肌肉，让它们完全松弛下来。可以想象自己在慢慢释放紧张和压力。

4. 重复这个过程，逐渐放松身体的每个部位。可以按照自己的节奏进行，但最好保持均匀的呼吸。

5. 持续进行这个过程约10~20分钟，直到感到身体和心理都感到放松和平静。

渐进性肌肉松弛法可以在每天的不同时间进行，特别是在感到紧张或焦虑时。它可以帮助我们更好地应对压力和焦虑，提高身心健康。

我的思考与经验

第四章

学业困扰
增强自我效能感,点燃孩子内心的小宇宙

章节说明：

学业困扰通常指的是学生在学习和学校生活中遇到的各种挑战，这些挑战可能包括对学习缺乏兴趣、上课不专心、作业拖拉、逃避上学、学习压力过大、对未来缺乏规划等问题。

这些问题可能源于个人因素（如学习动机、学习习惯、注意力集中问题）、家庭因素（如家庭教育方式、家庭期望）、学校因素（如教学方法、同伴关系、学校环境）以及社会文化因素（如社会对学业成就的期望）。

本章将探讨不同年级学生面临的学业困扰的相关案例，包括对学习不感兴趣、逃避学习、厌学、对学习没有动力等。这些案例反映了不同年龄阶段的学生可能遇到的学业困扰问题，同时介绍了学校心理老师和班主任在处理这些问题时的工作思路和方法。

核心内容和主要观点如下：

1. 对于学业困扰的学生，首先要进行全面的信息收集和评估，了解学生的具体问题和背后的原因。

2. 与学生建立信任关系，倾听他们的感受，帮助他们发现自身的能量和优点。

3. 利用专业评估工具（如舒尔特方格）来评估学生的专注力和学习能力，以便提供针对性的指导。

4. 与家长沟通，提供家庭教育指导，帮助家长调整对孩子的期望，建立合理的教育方法。

5. 对于可能逃避学习的学生，可以规范咨询设置，明确咨询目标，确保咨询的有效性。

6. 对于厌学的学生，需要了解其背后的心理需求，协助他们分析不上学的影响，并提供相应的支持。

7. 对于学习动力不足的学生，可以尝试探讨他们的兴趣和潜在的动机，帮助他们设定目标，激发学习兴趣。

8. 在处理学业困扰时，老师应保持耐心和同理心，避免给学生贴上标签，同时要注重保护学生的隐私和尊严。

9. 对于情绪敏感易失控的学生，可以教授他们一些情绪管理技巧，如深呼吸、渐进性肌肉松弛法等，帮助他们在情绪激动时能够自我调节。

10. 对于学业困扰的学生，老师应持续跟进，观察学生的情绪变化和行为表现，及时调整干预策略。

通过这些案例和讨论，我们可以看到，学业困扰是一个多因素影响的复杂问题，需要多方面的关注和支持。

20. 二年级学生对学习不感兴趣、上课不专心

适用对象：班主任、心理老师、家长　　**适用场景**：教室、辅导室

冯荫 回答

> **匿名 提问**：我是刚刚入职的小学心理教师。二年级的一位家长向我反映孩子对学习不感兴趣，上课不专心听课，爱搞小动作。家长也曾尝试过用各种方法纠正她，但可能方法不对，情况还是没有得到改善，求助老师帮忙辅导。面对这样的孩子我该如何着手？

如果是我来辅导这个孩子，思路如下：

1. 评估孩子的情况。我会通过课堂自然观察及个体访谈来了解孩子的情况，除了问谈，我会用些测试专注力的小工具，例如玩舒尔特方格、拼立体拼图、阅读一段文字、写一句话等形式来评估孩子的专注和学习能力。

2. 根据评估的情况与家长反馈。如果孩子确实是高度疑似多动症，会建议转介就医，但注意沟通的方式方法，本着真诚真实的态度如实反馈，并且同理家长的感受。如果孩子注意力没问题只是学习习惯或者态度的问题，我会与孩子聚焦探讨这个问题，再针对性引导。比如孩子可能说上课太无聊了，那我会引导他看到学习的基本要求，再和他做底线约定，同时把这个情况与家长反馈。再了解是否存在家庭教育方面的不足，例如有的家长望子成龙心切，不考虑孩子的感受一味安排学习任务也会造成孩子的厌学；或者孩子早期缺乏教育引导，没有养成良好的学习习惯。进而与家长探讨家庭教育要点，例如调整合理的期待，从细节入手培养孩子的习惯，多倾听孩子的感受，共同探讨学习目标、家长的榜样作用等等。

补充知识点

舒尔特方格：是一种简单易用的注意力训练方法，适用于1～12年级学生及成年人，可以测量和提高注意力水平，提高学习效率和考试成绩。玩法是在一张方形卡片上画上1cm×1cm的25个方格（注意：方格必须按照这个尺寸），格子内任意填写阿拉伯数字1～25共25个数字。训练时，请被测者用手指按1～25的次序依次指出其位置，同时诵读出声。

我的思考与经验

21. 五年级学生轮流预约心理辅导，以心理辅导逃避学习？

适用对象：心理老师、班主任　　**适用场景**：辅导室

李宁 回答

> **匿名 提问**：我们学校五年级有个班，出现了七八位同学轮流预约心理辅导的情况。目前来辅导的几位同学，各自的问题都不一样。他们有没有可能是想通过心理辅导逃避学习？遇到这种情况我该怎么做呢？

可以考虑规范咨询设置来应对这个问题。比如告知孩子要跟他们的监护人签订知情同意书，每轮咨询是1~4次，聚焦于一个小问题，在这1~4次中完成。然后把咨询时间放在大课间，或者晚托非上课时段。之后在咨询中强调短程咨询对来访的意义，比如强调咨询只是陪伴他们走一段成长的路，这个路上要付出努力和体验的始终是每个个体本身，另外短程咨询也有利于他们觉察咨询的内容如何才能更好地应用于生活。如果优化咨询设置后，来访的问题对其情绪社会功能影响不大，可以考虑拉长咨询间隔，比如每两周或每个月见一次，前提是做好知情同意，确认好来访的咨询目标，诉求和目标实现对应的行为表现。如果他们十分希望一起咨询，也可以将咨询设置为团体咨询的方式。

同行补充

马帅（小学专职心理老师、小学心理教研组组长、中国心理学会首批百名科普讲师、心理沙盘高级指导师、团体心理辅导师）：基于以往的咨询经验补充一点，不管他们是以什么目的来咨询，都要被接纳，因为目的本身就是咨询的内容之一。例如，一个孩子总是来咨询室，打开门后就迅速跑走——"这是一个调皮捣蛋的行为"，是老师看到的"现象"，咨询师应该看到行为背后的原因，即为什么是"他"来捣乱？为什么他要来心理咨询室捣乱？其实这些行为的背后，是孩子渴望被看到，渴望与心理咨询建立

连接，那他建立连接的手段无论是"捣乱"还是"起哄预约咨询"都是"形"，我们应该看到背后的"神"。带着这样的态度去面对来咨询的孩子会更好一些。

我的思考与经验

22. 初一女生经常以身体不适为由逃避上学，心理咨询也爽约

适用对象：班主任、心理老师　　　**适用场景**：教室、辅导室

林红丽 回答

> **匿名 提问**：我是一名九年一贯制学校的兼职心理老师。初一有个女生从开学至今总是以身体各种不适为由逃避上学，这种情况从五年级就开始出现，六年级时变得频繁，当时的班主任没有积极关注这个问题，她发现就算不上学也没什么不良后果，还能逃避学习任务。学生在校表现没有异常，人际交往正常，学习认真，唯独写作业拖拉。从班主任的反馈中看出，该女生的母亲对孩子的教育没有底线原则，非常容易妥协，老师跟家长的电话沟通和指导也都直接放给孩子听；经常表示自己对孩子的问题已无能为力，甚至会情绪化地要求老师不要对其孩子的学习提要求，只要她愿意到校就行。家长说学生从小睡眠质量差，在家完成作业前需要花很多时间做准备，对于不懂的内容有时会反复研究，以至于经常写作业到半夜，所以感到作业压力很大。洗澡时如果家长没有催促，她可能会在浴室待上两个小时。班主任向学生推荐了学校心理老师，学生第一次来做心理辅导时十分配合，认为自己的主要问题在于自制力太差，老师的关心使她感到自己的虚荣心被满足。第一次辅导过后学生一周内都能按时到校，之后又开始频繁请假，跟心理老师约定的辅导也都爽约。我想请问老师，对这样的情况心理老师可以怎么做？

通过如此细致的描述和记录，我看到了你的用心和爱心，作为心理老师，有这样一份情怀，真的很赞！

你的问题让我想起前段时间看到的一篇文章，大意是作者小时候爸爸妈妈经常骂她

打她，甚至问她为什么不去死。小学老师也几乎放弃她，当她升入初中准备开学时，她妈妈在班级群里质问"学校收校服的钱，是不是另有所用"，又哭诉自己家没钱。她就用奶奶去世前留给她的钱买了奇装异服，在开学第一天穿着到学校。幸运的是，她遇到了一个宽容、有爱心的班主任，没有批评她，还用自己的钱给她买了校服。班主任格外偏爱她，发现她的优点就及时肯定她……慢慢地，她喜欢上了语文课，也喜欢上了学校生活。她长大之后也成了一个老师。

我用省略号省略了文章中的很多的故事。我想说的是，你辅导这样的孩子，是需要把特别的爱投入其中的。她的问题会反复，但她的优点其实也不少，比如她对不懂的内容会反复研究；学生能到校时，表现没有异常，人际交往正常，学习认真……

针对这样的孩子，我们心理老师可以做些什么呢？

首先，我们可以通过心理辅导提供支持。倾听、共情让孩子感觉到被接纳，帮助孩子发现自己身上的能量，这考验我们的辅导水平。你说学生第一次来心理辅导时十分配合，在你的辅导下，孩子可以坚持一周按时来学校，这是很大的改变。我好奇在辅导中你做了什么？这是我们以后帮助类似孩子的经验。学校的个案脱落现象比较常见，原因有很多，我们也要根据不同的原因进行应对。了解清楚这些，可能会是进一步进行个体辅导的突破点。对学生的辅导，我们特别要注意保密原则，特别是班主任推荐过来的学生。班主任会向我们了解孩子的情况，作为同事，我们有时会忍不住，或者觉得这有助于班主任进一步工作，会向班主任讲述辅导过程中，但这会影响辅导的连续性。根据案例来看，孩子因为学习压力比较大而容易受挫，我们需要提醒孩子，并非只有学习一条出路，还可以借助特长来发展自己。

其次，我们要做好学校教师的心育能力培训。是的，如果学校足够重视，我们可以争取机会对科任老师和班主任进行培训。有时我们辅导的学生自己迈出了艰难的一步，比如患有焦虑症的学生终于愿意来学校上半天课了。老师看到了变化，希望她能天天来，没想到她又不愿意来学校了。因为老师不知道焦虑的具体表现，不知道学生迈出这一步需要多大的努力，没有关注进步点，对症应对。

最后，我们可以做好对应的家庭教育。除了大的讲座，还有小群体的工作坊，或者是一对一的辅导。女生妈妈所体现的无力感，其实很多家长会感同身受，不知道自己哪里做错了，不知道怎么做。这是不是她内心的绝望、担心和无能为力的一种表现呢？所以我们可以通过专业的力量，给予这些家长一些支持，让他们看到孩子身上的优点，知道前进的方式，看到变化的希望。孩子心理问题的形成是长期潜移默化的结果，不可能通过一两次咨询就马上看到效果。但我们可以坚持播撒希望的种子，这些种子一定会在我们看不见的地方发芽、成长。

我的思考与经验

23. 初中生成绩优异，因父母期望值过高而厌学

适用对象：班主任、心理老师　　**适用场景**：辅导室、家庭

陈银欢 回答

> **匿名 提问**：我是一名初中心理老师。有个学生平时沉默寡言，学习成绩排班里前五，但是他爸爸妈妈总是不满意，要他争取班级第一。可能是父母的这种教育模式让孩子产生了厌学心理，现在不肯来上学了，有考试也不来参加，还拒绝跟老师沟通。父母告诉他不再要求学习成绩了，孩子也捂着耳朵不听，不肯上学。这种情况下该如何跟他沟通呢？如何指导家长改善家庭教育方式？

这个孩子的厌学心理主要是家长长期教育模式不当造成的结果。对于该生心理辅导工作我们可以尝试这样做：

1. 与孩子建立信任关系。让孩子知道你跟家长不同，不会要求他必须听话和上学，会站在他的立场关心和帮助他，倾听他的需求。

2. 利用十点计分法了解该生厌学情况。十点计分法使用如下：一分代表不讨厌上学，十分代表非常不想回校，一想到上学就心情烦躁，分数越高越不想上学。让该生自评目前的厌学感受并打分。

3. 了解孩子内在需求，协助他分析不上学的影响。如果他在乎同伴交往，邀请好友给他写信。如果他只是因为和父母对抗暂时性不上学，可以满足他的心理需求。

4. 做好家庭教育指导工作。心理老师和班主任协助父母关心孩子心理需求，关注

孩子的优点，学习和孩子沟通的恰当方式，引导孩子多表达自己的感受。

最后提醒一下，造成厌学的因素可以分为四个层面：①个人因素，如性别、年龄、应对能力等；②家庭因素，如失功能的家庭；③学校因素，如学校是否对于厌学的学生有良好的介入与处遇；④同侪因素，如欺凌等多重因子。但厌学现象的成因经常是一环扣着一环，孩子本身的性格是由先天与后天的相互影响而形成，而后逐渐从家庭中发展，但孩子本身的先天气质又会影响亲子互动，在校的人际及学业表现也会对孩子的性格有一定的影响，因此，厌学现象的背后不宜以单一成因来定论。

我的思考与经验

24. 初三男生没有学习动力，最大的兴趣是玩游戏

适用对象：班主任、心理老师　　　**适用场景**：教室、辅导室

洪洁州 回答

匿名 提问：我给一个初三男生做了心理咨询。最初咨询的主要问题是厌学，但经过三次咨询之后，我发现这个男生最大的问题是毫无学习动力，在学习上没有追求，正如他自己所说，"就是一条'咸鱼'，对未来也没有打算"。我也与他妈妈沟通过，想找到这个男生的兴趣点，或者平时喜欢做的事情，但是发现他每天晚上除了应付完作业就是玩游戏，也没别的兴趣爱好。请问接下来的辅导我该如何开展呢？

首先，学习需要内驱力，既然是"内驱"，那就说明不是外部力量能够左右的。他能玩游戏，还能应付作业，所以大概率不是生理或情绪障碍，注意力和记忆力上不存在缺陷。排除客观原因，那剩下的就是主观因素了。

其次，我们不妨探讨一下，有无可能是下面这些原因：

（1）青春期性格的变化，逆反？

（2）学业挫败，没有成就感，"卷"不动别人，觉得"读书无用"？

（3）缺乏支持系统，家长不管或要求过分，现实生活中缺少朋友？

（4）生活单调，没有兴趣和爱好，沉迷于网络中的爱好或人际关系？

（5）在学习上有过重大的创伤经历？

这些都需要逐一排除。主观问题往往都和个人建立的牢固信念有关，这些信念形成了固化的应对方式。而改变信念最简单方法是进行畅所欲言的非情绪化的对话，但这可能需要多次辅导。

再次，对心理老师来说，就是不要带着目的去辅导（比如是否能做出你期望的改变），更不要聚焦厌学、无学习动力的问题，超越这些问题的限制，不妨试试从上面的五个角度聊聊，相信会有惊喜发现。

最后，"无学习动力""厌学"是成人或者说社会价值系统所定义的问题，作为当事人的个体，这只不过是趋利避害的人性本能。作为心理老师，最好不要用带有明显价值偏向的词汇去定义或描述所辅导学生的行为和心理。

我的思考与经验

25. 初三男生上课不能集中注意力，经常胡思乱想

适用对象：班主任、心理老师、家长　　**适用场景**：教室、辅导室

林红丽 回答

匿名 提问：我是一名刚刚入职的心理老师。有个初三男生上课时不能集中注意力，经常胡思乱想。有时晚上睡着后会不自主地钻到床底下，第二天起来才发现。对这样的男生该怎样进行心理辅导？

因为您提供的信息很少，我只能做一个粗浅的回答。

初三男生"上课不能集中注意力，经常胡思乱想"其实会有很多原因，比如没有学习兴趣、听不懂老师讲授的内容等等。要了解孩子从什么时候开始出现这个现象，持

续了多久，对学习生活有什么影响？要区分孩子在其他场合的注意力情况，如果情况类似，也要鉴别是否有注意力缺陷多动障碍等。

男孩睡着后有时会不自主地钻到床底下，也需要了解这种情况是从什么时候开始的。"有时候"指的具体频率是怎样的？是他有意识地钻到床底下还是无意识的？对他生活有什么样的影响？等等。

了解的信息越多，我们才可以更好地对孩子进行评估和辅导。所以新手老师遇到棘手的个案，在交流时要有意识地收集以下信息：孩子的状况是从什么时候开始的？当时发生了什么事情？发生的频率怎么样？最近一次是发生在什么时候？具体发生了什么事情？孩子最近的情绪状态怎么样？孩子的既往史、就诊史等等。

【写给班主任的温馨提醒】这个案例中的有效信息比较少，需要班主任与心理老师进一步收集和补充。按照现在呈现的情况，这个学生的心理问题还是比较严重的，在校期间需要高度关注。

我的思考与经验

---

26. 学生中考前反复纠结情感问题，对无法集中精力学习感到焦虑

适用对象：班主任、心理老师　　**适用场景**：教室、辅导室

王雅 回答

匿名 提问：一名初三女生在中考前一直纠结自己是否喜欢一个男生。这个男生成绩不好，人品也不佳，却是她人生中的第一个异性朋友，两人现在已经闹翻。但她写作业时还是会因为忍不住去想这件事而常常分心，并因此担心自己的学业。她会反复确认自己是否喜欢那个男生，如果发现自己真的喜欢，就会感到恐慌，因为她认为那个男生的人品不好，自己怎么会喜欢这样的人。最主要的是她现在面临中考，因为无法集中精

力学习感到非常焦虑。这个学生很喜欢问一些细节问题，辅导时她大概明白了，但又会反复去想同样的问题，比如："他为什么会说那些话？""为什么我会害怕看到他？"针对她的这种情况，我该如何帮助她？

这名学生既担心自己的学业，又无法摆脱情感困扰。以下是一些可行的建议：

1. 首先要让学生感到被接纳和理解。她喜欢这个男生并不意味着她是错误的或可耻的。喜欢一个人是自然的情感，接纳她这部分情感和认知。

2. 帮助她区分情感和行为：让学生明白情感和行为是两回事。即使她对这个男生有好感，但这并不意味着必须要与这个男生交往，也可以选择不与他交往，专注于学业和自己的未来。可以反向推演，如果对任何一个男生有好感就要交往，那会变成怎样？

3. 设定目标：与学生一起设定明确、可实现的目标，帮助她专注于中考。包括制订学习计划、设定时间表、分配每日任务等。用一些当前必须做的事情来转移注意力。

4. 寻找自身的资源。学生说中考前一直反复思考自己是否喜欢一个男生，因此写作业时不断分心，对此感到非常焦虑。那么过去这段时间是否有哪天学习情况还可以，没有分心，那一天她是怎么做的？利用自身的资源来解决这个问题。

5. 如果学生感到非常焦虑或无法处理情感困惑，提供心理支持是很重要的。可以介绍一些放松技巧，如深呼吸或运动，以帮助她缓解压力。也可以鼓励学生与信任的家人或朋友分享她的感受，或者通过书写来表达自己的情感和想法，达到放松和缓解焦虑的目的。

6. 如果学生情况持续不佳，应及时转介，排除强迫症的可能。

同行补充

黄珊珊（中学专职心理教师、硕士、国家二级心理咨询师、中山市优秀教师，曾获广东省第三届中小学心理教师专业能力大赛一等奖）：初三的学生逻辑思维能力还在发展中，您可以让学生把自己纠结的事情形成文字，进行一一梳理。同样的，您和学生也可以商讨一些可行的集中注意力的方法，最好也能记录下来。

我的思考与经验

第五章

人际关系
建立社交准则，增强学生的归属感和自我价值感

章节说明：

　　人际关系是指个体与个体之间的相互作用和联系，这种关系可以是积极的，如友谊、合作、支持；也可以是消极的，如冲突、排斥、误解。具体到学校环境中，学生的人际关系一般包括师生关系、同伴关系。人际关系对于学生的心理健康和学业成就至关重要。良好的人际关系能够促进学生的社交技能发展，增强归属感和自我价值感，而不良的人际关系可能导致孤独、自卑、焦虑等心理问题。

　　本章将探讨不同年级学生在人际关系方面遇到的问题，包括因外貌问题被嘲笑、离异家庭孩子的心结、与同学/室友的冲突、因卫生问题被排斥、因不当行为被误解、与同学打架后的心理困扰等。这些问题反映了不同年龄阶段学生可能遇到的人际关系挑战，同时介绍了学校心理老师和班主任在处理这些问题时的工作思路和方法。

　　核心内容和主要观点如下：

　　1. 对于因外貌或家庭背景而遭受嘲笑或排斥的学生，需要建立一个支持性的班级环境，通过心理班会等方式提高同学们的共情能力和对多样性的接纳。

　　2. 对于离异家庭的孩子，班主任和心理老师需要深入了解学生的家庭背景和心理状态，与家长沟通，共同为学生提供一个稳定和关爱的成长环境。

　　3. 对于在人际交往中不尊重他人的学生，需要通过心理辅导帮助他们认识到自己的行为对他人的影响，并学习更有效的沟通和社交技巧。

　　4. 对于被同学排斥的学生，心理老师可以通过角色扮演、情境模拟等方式帮助他们认识到自己的行为，并鼓励他们采取积极的改变措施。

　　5. 对于因不当行为被误解的学生，心理老师需要与学生建立信任关系，了解他们的内心世界，帮助他们调整自我认知，改善与同学的关系。

　　6. 对于因冲突而不愿回校的学生，心理老师需要与学校领导和班主任合作，共同制订干预计划，必要时建议家长带孩子寻求专业的心理治疗。

　　7. 在处理人际关系问题时，心理老师应保持专业边界，尊重学生的选择，同时提供必要的支持和指导。

　　通过这些案例和讨论，我们可以看到，人际关系问题的处理需要综合考虑学生的个人经历、家庭背景、学校环境等多方面因素。作为教育工作者，我们的目标是统筹各种有利因素，促进学生建立健康的人际关系和全面发展。

27. 二年级女生因容貌自卑，被同学嘲笑后不想上学

适用对象：班主任、心理老师　　**适用场景**：教室、辅导室

陈银欢 回答

匿名 提问：我是刚入职的心理辅导老师。有个二年级女生因为眼睛做过手术，所以看起来和正常人不太一样。做过手术的眼睛无法闭合，两只眼睛大小不一。小女孩因此常感自卑。班主任曾在班上以其他事情举例教导同学不要嘲笑别人。最近班上有两个小男孩笑她眼睛闭不上，她放学回到家后就跟妈妈哭诉要退学，不想去学校了。家长之前跟学校沟通过不希望老师在班上公开说这件事，但班主任也刚入职没有太多经验。针对这个情况我该怎么处理才能挽回家长的信任呢？我想征求家长同意后，在小女孩不在场的情况下在班里开展相应的心理班会，这个方法可取吗？有没有其他更好的办法？另外，如何让这个小女孩不再为外貌自卑？

面对这个需要更多关爱的女孩，尽管班主任要求班里学生"不能嘲笑别人"，却无法满足孩子的好奇心，让嘲笑发生，还带来了不良影响。从你的反馈中看出班级学生的共情能力较低，安全心理环境还没有营造好。你想征求家长同意后再开展相应的心理班会，这个想法是可以操作的，而且需要精心设计好这次心理班会，让大家能感同身受这个女孩的眼睛究竟发生了什么，怎样才能更好地帮助她，让友爱互助的氛围初步建立起来。另外给女孩做心理辅导时，注意增强她的自信心，并在班里安排几位热心同学多与她聊天。请班主任和其他科任老师让她为班里做些力所能及的事情，以分散注意力减少关注自己，在班集体中找寻到自己的价值。

同行补充

安夏：看到这个案例，我有些感受和不成熟的想法分享如下。

1. 有些事情没有亲身经历过很难感同身受。我母亲做眼部手术时伤到了神经，导致一只眼睛睁不开，也因此很自卑，出门以及合影必须戴墨镜。最开始我也常常劝母亲放宽心，不要介意别人怎么看，直到我自己尝试用胶纸贴住一只眼睛，体验走路、干家务活、玩手机是怎样的感受时，才真正体会母亲的不易和难受。想让同学们也能共情，不妨让他们像我那样模拟体验，如模拟体验意外摔伤腿后的不便，让学生们知道置身于

那样一个场景下的自己是需要帮助的，如果本就行动不便的自己再被人嘲笑，心里是否会更加难受。

2. 如何帮助小女孩面对自己的状况？从负性事件中挖掘正能量，调整认知，帮助她和同学挖掘意义和价值感。虽有不便，但绝非不幸。人生总会有挫折，关键是如何应对。老师可以在班级公开场合把小女孩树为榜样，赞扬她的坚韧和勇气。再让同学们模拟体验后，请大家思考还愿意每天来学校坚持学习吗？可能有些同学会说不愿意，此时要借机夸赞小女孩（哪怕她暂时有退缩行为），让同学们给她鼓掌。然后可以挑选班里几个活泼但又有影响力的同学说说愿意为小女孩提供哪些帮助，后续还可以让同学们在卡片上写鼓励语，赠送给小女孩。

我的思考与经验

28. 初二男生过于爽直，不会沟通，社交碰壁

适用对象：班主任、心理老师　　**适用场景**：讲座、辅导室、教室

乔翠翠 回答

匿名 提问：初二男生，父母离异，跟妈妈一起生活。周一到周五都在学校住宿，周六回家。妈妈的教育方式比较民主。孩子性格直爽，说话、做事都很直接，比如上课时会告诉老师："老师，你看他说话，""老师你看他写其他作业……"班里的同学都不太喜欢他。他主动跟同学交流时，同学也不怎么理他，即使主动帮助了别人也没人念他的好，对此他很苦恼。他曾跟老师说想举报补习班的老师，因为不想让那些参加补习的学生和他一样痛苦。和舍友发生矛盾的时候他会自己跑出宿舍区域一个人待着。他把自己的食物分享给同学，但同学却不会跟他分享零食。他觉得好人没好报，就不应该帮助别人。现在他经常因为一两句话就跟同学闹矛盾，老师对此也很头疼，不知道怎么辅导他才好。

看到您的描述，我对造成该生目前困境的可能性有这样几种猜测：①性格导致其在人际交往中出现一些"不恰当的认知和行为"；②未学会和他人沟通、参与集体生活的正确方式；③主动发起社交却屡屡碰壁，导致其受挫后采用更夸张的做法试图赢得他人的关注和接纳。看到最后几句话时，我脑中浮现一副渴望关爱的表情，就像小孩子跟家长要糖吃未果时大发脾气一样。如果由我来辅导这个男孩，我会大范围收集信息。

首先，会约谈他的妈妈，了解：①父母分开的时间，父亲和儿子共同生活的时间段（时长），离异后父子的交往方式和频率。②现在母子的生活中是否有其他的男性长辈参与，如姥爷、舅舅等。③请妈妈讲述母子相处的几个典型场景，了解母子间的真实互动。④了解这个男孩的小学阶段是如何度过的，是否住校、师生关系、同伴关系等。

其次，通过以上问题了解：①男孩成长过程中母亲是否给足他内心的安全感？②父亲是否给他足够的认可和正面示范（若父亲缺位，哪位家长起到替代性的作用，教育的效果如何）？③他在以往的生活经历中是如何与他人相处的，通过过往经历判断目前的困境是由"青春期"和"初中"引起的，还是其过往困境的延续。④目前他与母亲的相处中，他是如何表达需求的？母亲又如何给他回应？当他对母亲提出的需求得不到满足时，他又会如何表现？此时母亲又会怎么处理？通过这些问题了解他在和重要他人相处中习得了怎样的交往模式和沟通模式。

接着，我会和这个男孩同宿舍的同学一起谈话，了解他们之间的交往方式。请他们讲述相处中的几个典型场景，通过典型场景了解他们的沟通、对同一件事的认知差异、解决矛盾的方法。特别是当事人自认为向别人提供了帮助但别人不领情，具体的事件是什么？他做了什么？对方怎么看待他的行为？对方的真实回应是什么？

也可单独约谈当事人，了解是否存在"越来越严重"的移情（每次和同学们发生冲突就可以得到班主任和心理老师温柔的关爱，因此他无意识地制造矛盾，从而获得良好的人际关系的体验）？

充分了解信息后，大概率会融合使用认知行为疗法、小组辅导，协助当事人修正不合理的观念，调整低效的人际交往方法；引导宿舍同学之间更加和谐友好相处；同时对家长给出家庭教育的建议，如有必要，也可以做家庭辅导。

我的思考与经验

29. 五年级女生不爱干净被同学疏远

适用对象：班主任、心理老师　　　**适用场景**：教室、辅导室

冯荫 回答

匿名 提问：五年级女生来做心理辅导，主要来访原因是觉察到周围的同学嫌她脏并因此不愿意和她玩。但她自己并不认同同学的看法，也不承认自己不受欢迎的原因来自自己的行为，为同学对自己的态度感到难过和困惑。通过观察和向班主任了解，这个女生的确存在不爱干净、不愿意参加值日等问题。班里的同学一开始是愿意接纳她的，但是因为她的问题一直没有改善，导致大家对她的疏远。请问老师，我要如何做才能让女生意识到她的问题，并让她做出改变呢？

首先我们确定该个案存在歪曲的认知，主要是以自我为中心的认知模式，所以核心工作是帮助个案自我觉察客观真实的情况并做出调整。

结合小学生的认知特点，可以尝试在初步建立信任的辅导关系后，在现场使用换位思考情境展示的方式来做辅导。例如老师饰演她，她来饰演同学，先通过引导她回忆再现情境，再把双方的内心活动展示出来，引导个案的深度觉察。接着引导个案回到当下，思考下自己现在可以改变哪些，找到至少两个可以去做的小行动。然后具体探讨在实践过程中可能会遇到的困难及应对困难的策略。

如果个案很难进入状态，没办法体会他人的感受和情绪时，可以她为中心来让她表达自己对卫生、诚信等的看法，然后出示其他同学的观点——可以通过对几个同学的采访录音或视频，心理教师也要明确表明自己的观点，再探讨如何落实行动。具体的方法和策略还要结合当时的会谈情况来展开。

我的思考与经验

30. 老实内向的初二男生被室友冷嘲热讽、起外号，对现状感到无能为力

适用对象： 心理老师　　**适用场景：** 辅导室

翁卓祺 回答

> **匿名 提问：** 初二男生，在过去一年里和室友相处不融洽。室友总是对他冷嘲热讽，起外号，他感到被针对。该生性格老实、内向，在意别人的看法，做事总是先考虑别人的感受，比较胆小。他越容忍，越不想在意，室友就越过分。他对目前的状况感到很无力，看不到解决的希望，认为自己无论怎么做也改变不了这一切。他也不想让班主任知道这个情况。请问我该怎么帮助这位学生呢？

作为心理老师看到这样的个案，真是又心疼又生气。不知该生是主动求助、还是被动来到心理辅导室的呢？你提供的信息给我的感觉是：他的支持系统非常不完善。除了宿舍关系，或许其他同伴关系和家庭关系也有不到位的地方。

首先，我们需要做的是和他建立良好的个辅关系，这是开展心理工作的基础。

其次，我们要去共情他受伤的情绪，评估他的内外部各种资源，比如会安慰他的朋友、不开心时他会做的事等，让他学会自我宣泄和调适情绪。

最后，我们需要从根源上让他"看见"这段关系。他的在意、胆小、沉默，在人际关系中给对方释放了哪些信号，并强化了哪些行为。通过情绪觉察和关系体验，激励他改变内驱力，帮助他习得表达、拒绝、反抗的能力，增强他的自我效能感。

我的思考与经验

31. 初二男生感觉自己在学校里像座孤岛，常年驼背走路

适用对象：心理老师、班主任　　　**适用场景**：辅导室

翁卓祺 回答

匿名 提问：我接待了一位初二男生，家长要求心理辅导。学生自述从一年多以前学校住宿以来，因为对同班女生有过不礼貌言行（学生回避细节）和自己不懂生活自理，导致其他同学把他当作"变态"，不愿意和他说话交流。久而久之，他在学校里感觉自己像座孤岛，会不由自主地驼背走路，一年多来背部已经驼到几乎与地面成90度，但回到家里背部就会恢复直立。班主任也曾与其他同学沟通过不要孤立他，但没什么效果。男生觉得自己会越来越驼。男生表达清晰，倾诉欲强，最后还表达了希望转学。我和男生班主任也做了沟通，班主任表述男生在学校读书状态不好，几乎都是低着头；和其他同学相处时常给人奇怪的感觉，所以同学们也不敢与他说话，怕触发他的不良情绪。班主任不止一次与家长沟通，希望家长能带学生去医院检查，但家长一直不同意。男生的近亲有自杀史和疑似精神症状，男生的父母关系一般，母亲对他比较溺爱，与班主任沟通不畅。考虑到学生的情况复杂，我在缓解学生情绪后，和班主任沟通邀请家长到校，希望家长带孩子就医检查，可是家长总说没空。请问老师，针对这个学生的情况应该怎样处理比较妥当？

给这个学生做心理辅导应该挺不容易的，你能从和他的沟通中获取这么多关键信息，真的很棒。并且你也觉察到，他的情况可能超出学校的职责范围，班主任建议家长带学生去医院检查是对的。感觉目前你的困难在于：①如何说服家长带孩子就医？②如果家长不配合，怎么处理比较妥当？

第一，和家长的沟通，站在家长的角度为孩子考虑，避免让家长认为是学校故意推脱，或认为老师与学生一同欺凌孩子。让家长接收到我们对学生关心关爱的想法、做法，多列举班主任、科任老师、心理老师乃至学校领导对学生的关怀，打消家长疑虑，表明学校与家长站在同一战线，所做的决定和建议都是为了孩子考虑。也可以列举过往出现类似情况的学生，学校的处理方式，以及可推荐的就医渠道。

第二，无论家长出于何种原因不愿就医，我们都需要尽快上报学校领导，告知学生情况。按照学校的流程，如填写高危学生登记表、家长知情同意书等，请领导出面约谈

家长，以坚定的态度告知利弊。整个过程务必做好记录，包括和校内外人员沟通的聊天记录、通话等，都尽量留下痕迹。

第三，如果最终家长仍不愿带孩子就医，这样的结果引发了你不好的感受，可能是愤怒、无力、难过等，请做好自我照顾和自我觉察。如向同事倾诉，尤其是心理老师同事或经手此事的班主任、科任老师、校领导等，宣泄情绪。我们时常不得不接纳这一点：工作中，总有我们做不到的部分。我们已经尽力了。

我的思考与经验

32. 初三男生与同学打架后把自己关在房间也拒绝和班主任沟通，父母常年在外

适用对象：班主任、心理老师　　**适用场景**：辅导室

闫芳 回答

匿名 提问：一位初三男生，父母常年在外打工，由奶奶抚养；成绩一般，爱打游戏；和同学关系不明。上学期末和同学打架后（男生被打，伤势不严重，双方报警调解后，打人者转学），至今不愿回校。把自己关在房间里不愿出门，能饮食、睡觉，不过大概不按时。班主任多次家访，学生拒绝开门沟通，父母、奶奶都表示无能为力。学生至今拒绝和班主任沟通。父母仍在外打工，任其在家，很少与班主任联系。我建议班主任对男生保持关注，也请班主任把我的电话留给家长，相关情况汇报到学校德育处备案。

请问接下来我可以做什么？如果学生坚持不出门，把自己锁在房间里，我需要建议家长带他去医院检查吗？是否需要让人强制上门带他去医院？

因为他一直拒绝沟通，我还没有直接接触到这个男生，无法了解他把自己锁在家里的真正原因。

班主任希望我自己联系家长，我则建议班主任在联系家长时把我的电话留给他们，

家长需要的时候可以联系我。我不想在没搞清原因的情况下单独和家长联系，我的做法合适吗？我应该主动给家长打电话吗？

我觉得您做的已经很到位了。初三的孩子，还是义务教育段，学校有责任保证每一位学生不失学，因此这件事情我们可以请学校领导介入提供帮助。如果可以，领导家访时心理老师随访。或者约家长到校，班主任和校领导在场，心理老师列席一起沟通。

其实我觉得我们心理老师的能力也是有限的，我们要接纳自己在助人方面的局限性。只有孩子本身想要改变，才能够有发挥作用的余地。现在孩子自己不愿意沟通，父母也不在意，那我们作为心理老师也确实束手无策。

我个人认为这个孩子目前还没到去医院的地步，不必强制上门带孩子去医院。如果我们还不想放弃这个孩子，那么我们需要先做家长的工作，先让家长了解孩子目前的状况，探究造成孩子现状的原因以及解决问题的办法，家校合力才可以发挥最大的助力作用。

能感觉到您非常有责任心，但我们要和班主任、学校领导达成共识，这件事情不是心理老师一个人的事情，这个孩子不上学不一定是心理原因造成的。咱们心理老师不要把这个责任揽到自己身上，心理工作也是有边界的。我的建议是心理老师不直接给家长打电话，我们可以给家长提供辅助的心理服务，但是前提是家长愿意。

保持清晰的工作界限，保持坚定的自我信念，心理工作任重而道远，我们一起加油！

同行补充

刘冰（高中专职心理教师、华中师范大学心理学硕士、国家二级心理咨询师、区教研室成员）：从您的描述中，我能感受到您的急切和担心。就像闫老师说的，您已经做得非常到位了，不需要在心理上有过多的负担。网上有一句很流行的话，"放下助人情结，尊重他人命运"，这句话强调了助人的边界性。在我看来，这个孩子目前的行为表现跟家庭因素有很大的关系，我们要想改变，属实困难。所以，具体应该怎么做可以征求学校领导和班主任的意见。我们作为心理老师，做好辅助工作就好。

我的思考与经验

第六章

家庭关系
改善家庭教养方式,重构孩子的支持系统

章节说明：

家庭关系是指家庭成员之间的相互作用和联系，包括亲子关系、兄弟姐妹关系以及其他亲属关系。这些关系对个体的成长、心理健康、行为模式和价值观形成有着深远的影响。良好的家庭关系能够为个体提供稳定的情感支持、安全感和归属感，而不良的家庭关系可能导致个体出现情绪问题、行为偏差甚至心理创伤。

本章将探讨家庭关系对学生心理健康的影响，以及学校心理老师在处理与家庭关系相关的问题时的工作思路和方法。

以下是核心内容和主要观点：

1. 在处理家庭危机事件时，心理老师需要迅速行动，组建心理危机干预小组，为受影响的学生提供心理支持，并开展全体学生的心理干预。

2. 对于遭受家庭暴力的学生，心理老师和班主任应首先确保学生的安全，并与家长沟通，提供家庭教育指导，必要时报告相关部门。

3. 对于家庭关系复杂的学生，老师需要耐心倾听，提供共情和支持，同时与家长合作，改善家庭教育方式。

4. 在处理有自残或自杀倾向的学生时，心理老师应遵循保密例外原则，及时通知家长和学校相关部门，并提供专业的心理咨询和干预。

5. 对于家庭环境影响学习的学生，老师应帮助学生建立社会支持系统，同时与家长沟通，提供家庭教育指导。

6. 在会处理家庭关系问题时，老师应保持专业边界。注重与家长的沟通，帮助家长理解孩子的需求，协助改善亲子关系；同时尊重学生的选择，为学生提供必要的支持和指导。

7. 对于沉迷手机游戏的学生，老师应帮助学生在现实生活中找到成就感和满足感，同时与家长合作，共同支持学生的成长。

通过这些案例和讨论，我们可以看到，家庭关系对学生的心理健康有着直接的影响。作为教育工作者，我们的目标是帮助学生在家庭环境中获得支持和理解，促进他们的全面发展。同时，我们也需要注意到，学校老师在处理这些问题时，需要与家长、学校领导和其他专业人员合作，共同为学生提供支持。我们不能越俎代庖。当面对一些超出学校和教师工作职责边界的事项时，要懂得及时求助和上报，避免孤军奋战。

33. 二年级学生和妈妈发生矛盾，在校园跳楼致伤

适用对象： 班主任、心理老师　　**适用场景：** 教室、辅导室

陈银欢 回答

> **匿名 提问：** 有位二年级学生复学后因与妈妈发生矛盾，第二天早上哭着来上学，说恨这个世界，恨妈妈，然后从二楼跳下，造成脚骨折、腰伤，目前在医院救治（具体伤势不明）。作为心理老师，我内心很惶恐，面对校园突发的危机事件，我应该做些什么？

在校园危机事件发生后，心理老师最重要的工作是做好全体学生的心理干预。同时，还需调出该生的心理档案（心理排查结果、心理课堂笔记、个体辅导记录、家访登记），作为心理教育痕迹提供给学校和上级领导部门备查。在学校管理层支持下，组建心理危机干预小组，成员包括德育领导、班主任、心理老师等，协同工作，完成干预方案的制定及干预人员的筛查。参考《广东省中小学心理危机干预手册》，全体学生心理干预根据干预的目标人群可制定如下工作方案：

1. 给出事学生和家庭提供心理关怀。如条件允许，校方班主任、心理老师和学校领导应该向出事家庭提供关怀服务，班主任可组织学生书写祝福语或录制视频、音频，送给该生提供心理支持。

2. 在出事班级开展生命教育，引导学生珍惜生命。出事班级可能会出现舆情，班主任和科任老师要观察班级家长微信群、QQ群，有情况及时上报学校领导，共同分析班级学生心理动态。出事班级和年级可开展珍爱生命主题教育、班会课等，并向学生和家长提供学校和校外心理援助热线。

3. 开展个体心理辅导或团体心理辅导。出事地点在校园，根据目击者的反应及时提供个体心理辅导；如目击人员较多，学校可向上级部门申请校外心理援助，调配心理专业干预资源开展团体心理辅导。

此外，面向全校教职工适时开展学生心理危机识别方面的培训。校园危机事件发生后，心理老师尽快开展此类培训，以提升教职工对学生心理危机的识别能力和应对技能。

同行补充

冯荫：校园发生危机事件后，舆情的控制及对班级学生的引导是非常重要的，建议心理教师要与班主任共同探讨，尽快在该班级开展团体辅导。通过此次危机事件引导学生表达自己的情绪感受，教师通过共情式倾听及引导，再开展珍爱生命的教育，继而引导学生谈谈自己对生命的看法，最后让学生给跳楼的同学送上鼓励的话语或绘画。

补充知识点

危机干预：又称危机介入，是给处于危机中的个体提供有效帮助和心理支持的技术，主要领域包括自杀、性侵害、灾难、丧失亲人等许多方面。

我的思考与经验

34. 六年级女生需求不被满足时就自残

适用对象：班主任、心理老师　　**适用场景：**教室、辅导室

冯荫 回答

匿名 提问：我校一名六年级女生一旦家人不能满足其要求（过度玩手机、周末出去玩等）就会自残。女生不回应班主任的沟通，班主任希望心理老师能介入干预。我应从哪些方面入手呢？

不知你有没有大概评估过这个家庭的功能是否健全及健康，孩子从小是否被过度限制或宠溺，导致现在出现偏差行为？先从这两个方面了解情况再开展干预工作会更加有效。

1. 个体辅导。按照工作流程，首先建议和女生沟通，了解她如何阐述事件经过及她的真实感受，初步完成概念化及情绪疏导。重点处理自残，主要通过同理共情，再探讨安全宣泄情绪的方式。

2. 家庭咨询。根据情况介入家庭工作，我一般会约家长来学校辅导室会谈，协调亲子矛盾。将一些会严重影响孩子情绪状态的事情写进协议里固定下来，例如手机管理、外出问题等。

个体辅导方面，在和孩子建立了比较好的辅导关系后，引导其建立积极向上、致力于解决问题的思维方式。在后期的家庭咨询中，可以重点指导家长如何科学开展家庭教育。

我的思考与经验

35. 四年级孩子在家庭中得不到关爱，有自残行为

适用对象：班主任、心理老师　　**适用场景**：教室、辅导室

乔翠翠 回答

匿名 提问：我刚成为一所小学唯一的全职心理老师。有一个四年级的孩子，父亲在母亲孕期出轨，离婚后和第三者结婚，母亲因此想打掉孩子但没成功。生下孩子后，母亲把对父亲的怨恨转移到孩子身上，现在精神有些问题。孩子一直由妈妈抚养，父母双方都觉得他是累赘，不关心他。母亲再婚后继父对他也不好。上周因为和同学就"父母"话题发生争吵，情绪激动哭了很久。班主任带他来找我，他不愿意说话，做心理沙盘测试时，他不断抓握沙子并用沙子埋掉小人，然后再挖出来再埋掉。今天班主任联系我说发现他有自残倾向，希望再来找我进行心理疏导。他的家人包括爷爷奶奶、姥姥姥爷也很讨厌他，完全没有办法提供支持，也不会带他去看心理医生。孩子本人非常抗拒心理辅导，上次咨询效果也比较差，我实在不知道该如何进行下去。

光看这些描述就能感受到您深深的无力感。这个孩子的问题源于家庭，缺乏社会支持，目前出现自残行为，且无就医条件，作为一名心理老师想彻底改变这样的学生并治愈他内心的创伤是一件非常艰难的事情，你面临的挑战很大，尽力而为就好。学校和老

师可以做的事情大致如下：

1. 心理老师不要孤军奋战。全面评估该生的心理危机状况，形成完整的"一生一案"心理档案，上报德育处，将其纳入学校危机干预工作范围内，学校危机干预小组的各部门、功能室各尽所能来帮助这个孩子。

2. 当前的重点是确保其安全。注意在校安全，同时与其监护人联系，书面告知该生情况，要求关注孩子的心理状态，做好安全陪护，确保其在家里的安全。

3. 做好持久战的思想准备。针对该生的咨询，不急于改变。前期的重点在于陪伴、倾听，帮助他宣泄情绪，接纳现状（这就需要好几次咨询）。

4. 最好由学校主管心理和德育工作的领导出面，牵头做好家校共育工作。与德育主任、班主任一起上门家访（或邀请学生家长前往学校面谈），共同商议后续教育措施。

同行补充

阿*老师：对于孩子来说，学校老师、同学的支持与关爱也是他成长道路上的一束光，此外，如果综合评定该孩子的精神状态需要就医，学校可以联系社区、妇联等单位共同开展工作，避免单打独斗。

我的思考与经验

---

36. 初一男生经常被父亲家暴，没有安全感

适用对象：班主任、心理老师　　**适用场景**：教室、辅导室

冯荫 回答

匿名 提问：我最近接到一个棘手的案例。初一男生，爸爸对男生的教育方式简单粗暴，有比较频繁的家暴行为，最近一次是一个月前。男生跟妈妈的关系也一般，妈妈

平时常批评、诋毁男生的观点。男生主动来找我咨询，说自己胆小、敏感，在空旷的地方就会没有安全感，害怕飞行物，情感冷漠，奶奶去世都没有悲伤。这个学生的表达思路不是很清晰，东一句西一句，但他是一个学习兴趣强、善于思考、知识量丰富的孩子。他没有表现出明显的情绪问题，想让我帮助他解决没有安全感和敏感的问题。我突然好迷茫，特别想帮助他但是不知道从何下手。

让我们一起捋捋这个个案的工作思路。

首先，是法律问题。当学校教师得知学生遭受家暴，是有法律义务强制报告的。

其次，探讨我们从专业角度可以做些什么。不知你平时擅长哪种咨询流派？如果对焦点比较熟悉，不妨用焦点的问话技巧，聚焦一个会谈目标。我个人觉得每次会谈目标要小和精准，比如下一次访谈就以"敏感"为探讨主题。我们可以引导来访者看到不敏感的时候（寻找例外，焦点认为凡事有例外）：当时发生了什么，他是怎么做的？一步步追问，让来访者找到成功经验。当来访者觉得很难找到例外时，可以探讨敏感的积极意义，从另外一个方面让来访者接纳自己的特质。如果来访者能找到很多例外，那辅导就很顺畅了，可以进一步振奋性鼓舞，构建目标，落实小行动。因为来访者是初中生，也可以尝试在合适的时机做心理科普，比如近年比较火的"钝感力"的培养。

总之，在辅导的过程中，建议选择自己擅长的流派来开展，每一次辅导从一个小目标切入，例如就按照焦点的问话方式来展开，然后每次可以通过评分来评估效果，循序渐进，避免一次讨论过多问题。如果从艺术表达的角度做辅导，可以通过绘画分析、沙盘等入手，进一步引导来访者将潜意识意识化，帮助他疗愈创伤等。

补充知识点

强制报告是指当发现未成年人遭受或疑似遭受不法侵害的线索时，应当立即向公安机关报案或举报。2020年"六一"国际儿童节前夕，中国发布《关于建立侵害未成年人案件强制报告制度的意见（试行）》（下简称"意见"），规定报告人包括学校、医院、旅馆等与未成年人密切相关的行业的工作人员。当相关人员发现未成年人遭受或疑似遭受家庭暴力时，如果没有及时向公安、民政、教育等有关部门报告，造成严重后果的，将对该部门予以处罚，对工作人员给予处分，构成违法犯罪的追究刑事责任。

根据《中华人民共和国反家庭暴力法》，学校和教师的具体义务主要包括以下几点：

强制报告义务：当学校发现学生遭受家庭暴力时，必须履行强制报告义务。这意味着学校在发现可能的家暴情况后，需要及时向相关部门报告，以便采取相应的保护措施。

教育责任：学校不仅要对学生进行日常教育，还应当开展家庭美德和反家庭暴力的教育。这包括在课程中加入相关内容，以及通过各种形式提高学生对家庭暴力的认识和防范意识。

监护责任：学校对孩子负有监护责任，这要求学校在日常管理中关注学生的身心健康，特别是对于那些可能面临家庭暴力的学生，学校需要提供必要的支持和保护。

我的思考与经验

---

37. 初中女生经常被母亲殴打，有轻生念头

适用对象：班主任、心理老师　　**适用场景**：教室、辅导室

陈曦 回答
专职心理教师、一级教师、学校督导评估部主任、重庆市南岸区教育学会家校社共育研究会副秘书长。

匿名 提问：请问该怎样辅导经常遭受母亲殴打的初中女生？她说不想活了，有轻生念头。已经读初中了，不仅得不到母亲的尊重还经常被殴打，母亲本该是保护、关爱她的人，孩子该有多难过、多分裂、多绝望……从家庭系统来看，这应该是一个复杂的案例，需要去细细挖掘行为背后的原因。

1. 首先，建议对这个孩子进行个体辅导.

（1）倾听＋共情：作为心理辅导师，你能共情对方的遭遇，这点很好。我们需要耐心倾听孩子的故事，让她能够自由表达内心的想法和情绪。通过共情，我们能够理解她的感受，使她得到被看到和被倾听的满足感。

（2）好奇＋正向：在了解孩子经常被妈妈殴打的情况后，我们可以以好奇的态度

询问她是如何熬过这些艰难的时刻，以及她是如何保护和照顾自己的。这样可以引导孩子去寻找和挖掘自身的力量和资源，并意识到自己在面对困境时的坚持和成长。自己也是有力量的，不是被动挨打、毫无还手之力的。

2. 除了个体辅导以外，我们还可以进行家庭教育。

（1）询问孩子的意见，同时跟班主任了解情况，看是否可以邀请孩子的妈妈来学校，开展家庭教育指导。

（2）在家庭教育指导过程中，我们可以探索一下，妈妈为什么会打孩子？在哪些情况下会打孩子？那个时候妈妈的情绪是什么样的？妈妈打孩子的行为给孩子带来了什么影响？妈妈和孩子各自可以改变什么？

（3）在辅导中，尽可能挖掘母女间的温情瞬间和故事，这有助于增进彼此的理解和情感连接。

（4）可以巧妙地带入《家庭教育促进法》和《未成年人保护法》的内容，向家长普及法律知识，增强其法律意识，明确对未成年人的保护责任。如果持续家暴，派出所和当地妇联可以介入处理。

这种个体辅导和家庭教育指导相结合的方式，旨在全面了解孩子的困境和需求，提供针对性的支持和帮助，同时也促进家庭教育的改善和亲子关系的和谐发展。

我的思考与经验

---

38. 初二女生父母离异，经常被爸爸打骂、苛责，有轻生念头

适用对象：班主任、心理老师　　**适用场景**：辅导室

闫芳 回答

匿名 提问：初二女生，爸妈离异后各自组建了家庭，女孩跟爸爸一起生活。爸爸

一直有打骂孩子的行为，比如孩子早上起不来，会要求孩子自己拿小刀割自己的手指。班主任知道后和爸爸沟通过，情况有改善。爸爸一直都让孩子在学校用饭卡的时候记账，声明如果账不对就不给饭卡充钱。由于孩子正在长身体吃得比较多，有时会有对不上账的情况，这两天爸爸竟然不让孩子吃饭了。孩子中午晚上都没饭吃，只能下了晚自习回家和他们简单吃一点儿，根本吃不饱。孩子想着爸爸对她这样，妈妈也不要她，还不如死了算了。并自述妈妈虽然没有抚养权，但经常会来看她，给她买东西，很想回去和妈妈一起生活，感觉和爸爸一起生活很难受，每天都要看他们的脸色。在咨询中我也和孩子明确，爸爸妈妈生下你，就有责任要抚养你，不要把父母的错怪在自己身上。我计划和她的爸爸、妈妈沟通，想咨询老师辅导这个个案的注意点和要点。

首先，个人建议和父亲聊聊，向父亲求证学生所述的情况，比如要求学生用小刀划伤自己，不给饭卡充钱等。有可能是学生片面的主观臆测，因为我们相信父母总归是爱孩子的，不大可能会做伤害孩子身体的事情。但是一旦确认确实是父亲的问题，那我们应该再看看父亲的态度，如果是爱孩子但是不懂得方法，不会控制自己情绪，可以跟他谈谈正确的教养方式，谈谈如何和孩子良好沟通。如果父亲不负责任、不爱孩子，那应该严肃地跟他说明教养孩子是他的责任和义务，做出伤害孩子身体的行为是违法的。作为心理老师要及时上报学校，请求领导和相关部门的帮助。

其次，再和孩子母亲聊聊，告知孩子当前的处境，如果母亲情况较好，建议其接孩子和她生活。作为老师我们是想帮助孩子健康成长，并不想引起纷争。提醒母亲在和前夫沟通时注重解决问题而不是争吵。

再次，面对学生，我们要定期回访孩子的情况，可以每周约她来咨询室聊聊。除了告诉孩子责任不在自己外，还可以寻找身边的积极力量，比如她的同伴、母亲，激发学生向上的内驱力。并让学生承诺不做出自杀、自伤等行为，一旦情绪失控可以向老师求助。

最后，作为危机个案，这个学生的情况一定要及时反馈给班主任，在做父母工作的时候可以请班主任协助，并提醒班主任在日常工作中留心学生的情绪变化。

同行补充

刘冰（高中专职心理教师、华中师范大学心理学硕士、国家二级心理咨询师、区教研室成员）：在描述中我注意到这样一句话"班主任知道后和爸爸沟通过，情况有改善"，这说明该生父亲还是愿意做出改变的。所以我们在和爸爸沟通过程中，要强调他的行为对孩子的身心已经产生了一定伤害。孩子对他是非常依赖的，渴望得到他的关注和关爱，如果他不做出较大改变，对孩子必定会造成更大的伤害。还可以询问孩子在新家庭中的情况，尤其是后妈对孩子的态度。如果后妈与孩子之间的关系比较疏离，可以建议父亲作为中间人来缓和两者之间的关系，让孩子感觉到在新家庭中她也是有位置的。另外，在和母亲聊天的时候，我们要客观地告知孩子目前的处境，对于接不接孩子回来，我们只是建议，最终尊重母亲的意见。

我的思考与经验

39. 初一学生进入青春期，家长感到难以沟通

适用对象：班主任、心理老师、家长　　**适用场景**：家庭

李宁 回答

匿名 提问：一位初一学生家长向我咨询孩子青春期的教育问题。孩子目前在重点班，学习成绩较好。说孩子小时候特别乖，现在妈妈一让他写作业，他就让她闭嘴、出去，甚至有时把自己的房门锁起来。孩子规划不好学习时间，家长怕他睡眠不够长不高，对身体不好，但妈妈一提醒时间孩子就急眼。妈妈夸他时，孩子说妈妈嘲笑他；妈妈给他分享同学的幸福小事，孩子说这是在暗喻；妈妈有时给他讲社会新闻，他说妈妈的小课堂又开始上课了。孩子总觉得家长在教育他。家长也在反思，是不是生活上管得太多了？该怎样辅导家长？希望老师能提供具体的指导。

看得出这个处于青春期的孩子在努力争取自己的空间和独立，这属于非常正常的现象，但很多父母可能仍然停留在孩子还小的认知。其实，处在青春期的孩子是很矛盾的，一方面他们需要独立，需要有主见，不喜欢被说教；但另外一方面，他们又真的没办法做到那么的有主见，很多时候都是冲动行事，甚至会犯下错误。这会让他们很矛

盾，这就是青春期的特点。父母要在一定程度上允许并接受这样的过错。

比较好的方式是家长要学会慢慢改变对孩子无微不至的照顾，把注意力放在自己身上，多做自己的事情。家长多给孩子赋能，孩子需要的时候能及时出现给予支持，至于其他时候，尽可能给孩子一些自我选择的权利。多听孩子发表自己的观点和看法，少评判。因为年龄小，孩子的意见和看法肯定是肤浅的，但他们在很努力地学习如何成为一个更负责任、更有主见的成年人。作为父母应该欣赏，因为孩子在努力长大。如同婴儿刚开始走路时，总是步履蹒跚。但那时候的父母多么欣喜，总是鼓励孩子的每一次进步。你可以以此唤起家长的感受。

跟家长谈之前，需要进一步了解孩子的成长史，亲子之间的互动模式，父母亲对现在家庭生命周期的看法，是否意识到孩子已经进入到青春期的变化。如果孩子愿意来找您咨询，或者家庭的其他成员愿意做家庭咨询，可以根据家庭系统内部的互动模式。或通过挖掘有效经验和例外询问，找到亲子沟通顺畅的例子和情境，从而找到更多切入点，综合考虑更合适的干预方式。

我的思考与经验

---

40. 初一女生和父母关系疏远，和同伴关系差，有自残行为和自杀想法

适用对象： 心理老师　　**适用场景：** 辅导室

闫芳 回答

匿名 提问： 我是新入职的心理老师，最近遇到一个棘手的案例，我不知道该怎么更好地应对。

一位初一女生找我咨询，说自己有抑郁症，会自残，并给我看手腕上的伤疤。自述自残是从五年级开始。小学时作为留守儿童的她由奶奶和外婆轮流照顾，五年级的暑

假妈妈怀了弟弟后开始跟她和奶奶一起住。妈妈对她要求严格，学校作业做完了还会额外布置作业给她，没有休息、娱乐时间。不合妈妈心意时就会被打骂，妈妈也不听她解释。女孩和爸爸交谈会多一些，可是爸爸比较内向，有时候会不明原因突然生气，渐渐地她和爸爸关系也疏远了。现在女孩在家基本只待在自己房间，不主动和家长说话，晚上很晚才能入睡。心里很委屈、难过时，就想自残，看到手腕上未消的伤疤会更难过。有次和妈妈争吵后产生了自杀的想法，自残时割深了流了很多血。小学时班主任曾找过父母，情况好了一段时间。她现在和同学之间也有矛盾，她叫别人的外号还觉得自己没有错。

我得知情况后告诉她这些已经在保密例外的范围内了，我需要告知班主任和家长一起来帮助她，她同意了。之后我和班主任以及年级部长一起商量对策，还跟学校安全工作负责人报备。后来年级部长说她找了她的小学班主任以及教练（学生是体育训练人员）了解情况，最后与该学生沟通的结果是先不告诉家长，让我和学生保持密切联系，学生会继续来咨询。听到这里我心里有些慌，我不知道该如何做才能从学生方面来解决问题，下次咨询时我打算让学生签《不自杀承诺》，让学生家长签《知情同意书》。

之后同一个班的另外两个学生来咨询室找我聊天，谈到了之前来咨询的女生，说她在班里排斥一个同学，经常给那个同学起难听的外号，还造谣。她和那个同学说话的方式像开玩笑又像讽刺，还会把女生的隐私告诉男生。我让那两个同学回班继续观察情况，可以和那个被排斥的同学说有需要就来心理咨询室找我。但是接下来我不知道该怎么办了。

能感受到心理老师的担心和无措，您已经处理得很好了。面对危机个案，一定不要把责任都绑在自己身上，危机干预是个系统工程，需要学校、家长的共同配合。

这个学生可能是受家庭环境的影响，不会合理处理同伴关系，也不会正确面对亲子关系。她自身确实是有一定问题的，可以采用认知行为疗法的方式，引导该生发现自己不合理的认知问题，通过改变对自己、对父母、对同伴或对事情的看法与态度促使其行为发生改变。

另外，这个案例已经出现了自残并有自杀意向，的确应该遵循保密例外原则，老师的处理方式是正确的，需要多方协助共同助力。两个承诺书必须要签，而且建议和家长约谈，提醒父母不能道德绑架孩子，给她该有的尊重，接纳并尝试理解她。

同时提醒班主任密切关注学生在校期间的情绪状态，心理老师定期回访，并做好记录。和父母的沟通也留好记录。

同行补充

彭超（高中专职心理教师、硕士，曾获烟台市心理健康优质课一等奖，烟台市高中心理健康教育在线优质课程资源一等奖）：首先，该生已经出现自杀意向，所以一定要告知相关责任人，并建议家长带学生到专业机构寻求帮助。作为心理老师，能够做得更多的是发现和辅助，所以要向家长明确其在学生成长过程中的责任。可以与孩子的家人进行沟通，了解她的家庭环境，帮助父母调整教育方式，给予孩子更多的关爱，并从孩子的角度出发，给予孩子所需的支持。

其次，作为心理老师，可以与学生进行约谈，了解学生具体的想法，与父母之间的矛盾。找到其存在的不合理信念，尤其是否将对父母的情感投射到自己同学身上的想法，是否存在模仿其父母的行为模式。帮助学生自己意识到自己想法的不合理性从而产生调整的意愿，切忌说教和命令，以防学生将心理老师划归到自己家长这一类群体中，破坏咨访关系。

我的思考与经验

---

41. 初中女生家庭不和睦，严重影响学习和日常情绪，有自伤行为

适用对象：心理老师　　**适用场景**：辅导室

翁卓祺 回答

匿名 提问：初中女生由于家庭关系原因，小学四年级就割过手腕，经常回忆以前发生过的不好的事情和行为，觉得自己记住的全是不开心的事情，开心的事情记不住，并认为自己记忆力很差。在家里爷爷奶奶经常吵架，吵完就会说女生几句，严重的时候会动手打她。女生总是陷入那些不开心的回忆，严重影响学习和日常情绪状态。我应该怎么辅导她呢？

这位女生已经出现伤害自己的行为（小学四年级有过割腕，目前也有这样做吗？），作为班主任或心理老师，按照流程，我们都需要告知监护人，邀请家长到学校召开座谈会，讨论如何保护孩子的人身安全，助力她改变。尤其是孩子的症状与家庭事件密切相关，我们需要明确对家长提出不能家暴、不在孩子面前吵架、学习与孩子的沟通技巧等具体建议。

针对女生本人，我们可以在心理辅导中使用创伤的稳定化技术；等状态稳定之后，再引导她使用其他更具适应性的宣泄方式替代割腕，并让她学会用言语表达、宣泄自己的情绪和想法。如果这些应对方法超出了心理老师的个人能力，也可以提出转介到当地的心理咨询机构或精神卫生中心的心理科就诊。

我的思考与经验

42. 初中学生受到校园欺凌，但家长不管

适用对象：心理老师、家长　　**适用场景**：辅导室、家庭

翁卓祺 回答

匿名 提问：初中学生受到校园欺凌，但是他父母不管。学生一直和我倾诉这些事情，我该怎样帮助他？

受到欺凌的学生最需要得到身边人的支持，但是"家长不管"这一条，几乎足以造成二次创伤。作为心理老师，此刻我们能给予学生最大的帮助，就是帮他修复、完善个人的社会支持系统。社会支持系统包括一切可以支持个体的力量，即使没有父母，还有老师、同学、朋友、亲戚、邻居，还有学生本人身上其他可能存在但尚未发现的资源，比如网友、偶像，甚至虚拟人物等。努力多找几根"竹竿"，让这棵风雨飘摇的"小树"先支棱起来。

后续，我们再慢慢开展相关工作。如果学校领导层已经介入，我们可以考虑请家长

到校召开联席会议。会议由校方领导层、班主任、心理老师等共同出席,让家长意识到问题的严重性,懂得保护、关心孩子,同时也留下对应的工作痕迹。

如果父母一直不做出改变,学生会有很大的无助感,这种无助感也可能蔓延到心理老师本人身上,请记得时刻做好情绪的觉察和自我保护。

我的思考与经验

43. 高二学生沉迷手机游戏,和父母关系疏远,成绩也退步

适用对象:班主任、心理老师、家长   **适用场景**:辅导室、家庭

陈曦 回答
专职心理教师、一级教师、学校督导评估部主任、重庆市南岸区教育学会家校社共育研究会副秘书长。

匿名 提问:高二学生放假回家后把妈妈的手机拿走了,妈妈让孩子把手机还给她,孩子把自己关在房间里,妈妈怎么喊都不开门。平时孩子跟爸爸的关系还可以,但是爸爸来喊他也不开门。据了解孩子以前听话、懂事,学习也比较努力,自从开始接触手机游戏后就变了,总想玩游戏。现在成绩下降得比较厉害,在家也不愿意和父母亲近,连生活费也不主动要。学校不允许学生用手机,学习抓得比较紧,他的作业有一次被班主任批评了,慢慢地班主任所教科目的成绩越来越差,最近一次只考了十多分。现在家长拿孩子没办法,既担心孩子的成绩,又担心孩子的心理状态。请问遇到这种情况应该怎么帮助他们呢?

首先,从您的描述来看,孩子以前听话懂事,学习也很努力,但是自从玩了手机游戏后,成绩就开始下降,亲子关系也变差了,被班主任批评后,成绩更是下降得厉害。看似是手机游戏惹的祸,但是孩子为什么那么喜欢玩手机游戏?手机游戏可以带给他什

么？我们需要先理解这个行为背后的动机和学生的哪些需求没有被满足。

其次，很多沉迷手机游戏的孩子，手机其实是他们的"避难所"，在那个虚拟世界里，他可以忘掉现实世界的不如意，他可以在虚拟的世界里找到成就感、价值感和归属感。开发游戏的人是深谙教育学和心理学原理的，在打游戏的时候，每一关都是让打游戏的人"跳一跳就可以摸得着"，就像"最近发展区"，这样孩子就有成功的机会和可能。每当他闯过一关，还会有喝彩声"你太棒了"，增强他的信心……所以，当我们的学生沉迷手机游戏的时候，我们要去看一看，他在现实生活中过得怎么样？有没有在学习上获得成就感？是不是遭遇到挫折？有没有要好的同学和朋友？亲子关系是不是支持和包容的？师生关系是否和谐？……缺什么，补什么，尽量在现实生活中去补。

最后，高二孩子的学习压力本身是比较大的，成绩下降了，自己肯定也着急和感到挫败。这个时候，孩子最不需要的就是家长的过度关注、焦虑和指责，因为他自己本身已经很难受了，但是他可能又会要面子，不愿意在家长面前示弱。那这个时候，家长不动声色的接纳和支持，就是在给孩子赋能，相信孩子自身的生命能量，多听少说，切忌在孩子面前表现出过多的焦虑，这样是在给他增加压力，他本身的压力已经很大了；也不要去指责孩子，这样反而容易让孩子逆反，心离家长越来越远。亲子关系是亲子教育的前提，先把关系搞好了，教育才有可能。

同行补充

王雅： 如陈老师所言，看似是玩手机游戏，其实是在寻找成就感和满足感。如果孩子在现实生活中无法得到这些感受，他们就会转向游戏来寻找。值得庆幸的是学校无法使用手机，所以不太会担心孩子一直沉溺，造成上瘾行为。但是学校和家长都对学习抓得很紧，是否给孩子也造成了巨大的压力，我们可以稍微松一松，看看在学习之外还有哪些兴趣爱好可以给孩子带来成就感？可以从孩子的兴趣出发，分散他对手机游戏的吸引力，不妨试一试。

我的思考与经验

44. 父母离异后，三年级孩子总是沉默寡言

适用对象： 班主任、心理老师　　**适用场景：** 教室、辅导室

鲁洁 回答

匿名 提问： 有个三年级的男孩子父母离异，由外婆抚养长大，父母均已组建新家庭。孩子平时沉默寡言，遇到事情选择憋在心里。在家会跟外婆吵架，在学校不喜欢与同学相处。作为班主任该如何建立孩子对自己的信任感？如何帮助孩子打开心扉呢？

作为班主任要与离异家庭的孩子建立信任感，可以从以下几步来做：

第一步，要深入了解该生。首先了解该生目前在校情况，是否有朋友，是否有喜欢的同学或老师，哪怕是一个。如果有，就进一步观察和了解他喜欢的原因。了解该生原生家庭情况，孩子由外婆带大，是否父母离异时是判给妈妈抚养。父母都各自组建了家庭，现在父母和孩子的关系如何，外婆对孩子的养育方式又是怎样的。

第二步，对症下药。根据上一步分析原因，做相应的对策。小学生出现此类表现，离不开家庭的原因，所以班主任要多进行家校沟通，让该生的外婆、父母知道孩子在学校的表现，家庭教养方式可以做出哪些调整。我们要让家长意识到家庭养育方式和氛围的改变，孩子也会随之改变，有助于孩子身心更健康地发展。

第三步，这类孩子一般都缺乏关爱，班主任平时要给予他足够的关心。除了学习还可以关心他的生活，如周末一般怎么过，有什么兴趣爱好等等，弥补该生在家庭中缺失的爱护。他会感受到原来还是有人关心他、理解他、爱他的。慢慢地，学生也会越来越信任老师。

除了给予关注，还要帮助学生建立支持系统。前面建议老师多跟家长沟通，改变家庭教育方式，就是帮学生建立家庭支持。如果家长不配合、不愿意改变，家庭支持无法建立，我们可以帮学生建立社会支持系统，这个支持更多来自学校。除了老师的关心支持外，还要让学生获得同伴的支持。建立同伴支持系统有两个途径：①该生不喜欢和人交流，也许是因为他不知道怎么交流或者与同伴之间有心结，班主任可以教授孩子与人沟通的方法或帮其打开心结。②可以私下安排班上阳光、乐于助人的学生，让他们平时多关心该生，主动去找他聊天、玩耍。以上方法，班主任可以参照使用，目前我校使用该方法后的成效都还不错，希望也能帮到你。

📝 补充知识点

社会支持系统：是由一个人相关环境中的一系列人物所组成的一个网络。在这个网络中，个人可以得到一些支持，包括心理上的和实际的支持。

我的思考与经验

第七章

违纪行为
让"调皮鬼"的好行为产生

章节说明：

违纪行为通常指的是学生违反学校规章制度、社会行为规范或法律的行为。在学校环境中，包括不遵守课堂纪律、欺负同学、逃课、撒谎、偷窃等。这些行为可能源于多种原因，如家庭环境、个人心理状态、社交技能缺乏、学习压力、对权威的反抗等。处理违纪行为时，需要综合考虑学生的心理需求、家庭背景和学校环境，采取适当的教育和干预措施。

本章将探讨不同年级学生违纪行为的案例，包括捣乱、逃课、撒谎、偷窃等。这些案例反映了不同年龄阶段学生可能会遇到的违纪行为，同时介绍了学校心理老师和班主任在处理这些问题时的工作思路和方法。

以下是本章的核心内容和主要观点：

1. 建立与学生的信任关系至关重要，这有助于学生在心理咨询中敞开心扉，分享他们的感受和困扰。

2. 对于有违纪行为的学生，首先要了解其行为背后的动机和原因，这可能涉及家庭环境、个人心理状态等因素。

3. 对于有特殊需要的学生，如多动症患者，可能需要专业的医疗干预和行为矫正。

4. 对于有自残行为的学生，需要评估其风险等级，并在必要时告知家长，以便及时寻求专业的医疗帮助。

5. 对于逃课的学生，可以设置特定的空间让他们在老师的监督下进行自我调节，同时逐步引导他们回到课堂。

6. 在处理违纪行为时，应采取正面管教的方法，通过正强化来鼓励学生的良好行为，而不是简单地惩罚错误行为；同时心理老师应保持专业边界，避免德育问题心理化，要尊重学生的隐私，同时提供必要的支持和指导。

7. 家庭支持和家庭教育方式的改善对于纠正学生的违纪行为至关重要。心理老师可以为家长提供指导，帮助他们建立更有效的亲子沟通和教育方法。

通过这些案例和讨论，我们可以看到，处理学生违纪行为需要多方面的努力，包括心理老师、班主任、家长和学校管理层的共同参与。通过综合干预，可以帮助学生改善行为，但也要意识到，违纪行为的改变需要较长时间和较多人共同参与。

45. 一年级学生上课调皮捣蛋，气哭同学

适用对象：班主任、心理老师　　**适用场景**：讲座、辅导室

乔翠翠 回答

匿名 提问：小学一年级男生，上课调皮捣乱，不听老师指令，还随意离开座位，偶尔还会欺负同学、气哭同学。有一次他严重影响别的同学上课，还打同学，被教导处主任拉去办公室严厉批评、教育一番，所以他现在最怕被抓去主任办公室。但是上课时还是会因为他而中断教学，又不能打他、骂他，拖他去办公室也不去，感觉很无奈。老师还担心他会影响其他同学，如果老师管不住调皮的学生，个别学生也跟着学。今天上课时他居然上来扳老师的鞋跟，惹得其他同学大笑。忽视、表扬、批评都试过了，感觉群体影响还有点用，但是毕竟其他学生也才一年级，也控制不住自己。请问老师，应该怎么建立老师的权威？要怎么管理这个班的纪律？起码不能因为这个男生上不了课。

看到这一大段描述，我真的有种窒息感……在这种班级上课，很容易产生挫败感、无力感，但这真的不是你们自身的问题，所以要尽量调整自己的心态。有这样的学生存在，其他学生难免会受到一些影响，有些孩子可能还会有意无意地模仿，这个孩子本身也会占用老师过多的精力……这些都会给班级管理带来很大困难。

说回孩子。根据您的描述，首先温和地建议家长带孩子就医，查明行为背后的原因能更有效地引导和教育。拿到诊断结果，并不会对课堂教学产生实质的影响，但会让家长开始考虑如何更好地配合学校的教育，因为只有协作，才能让自己的孩子获得更好的发展。这一点，在与家长后续的沟通中，一定要强调：您和这个班的科任老师都需要做好心理建设，因为这个孩子大概率不会在短期内发生明显改变。

我倾向于建议先由家长带他就医，找到问题行为的根源，再采取进一步的教育措施，但如果家长不愿这么做，可以尝试以下做法。

1. 请家长学习正面管教的技术来教育这个孩子：既不惩罚也不骄纵地养育孩子，它以尊重与合作为基础，倡导父母通过营造和善而坚定的沟通氛围，培养孩子自信、自律、合作、有责任感、有自主感以及自己解决问题的能力，帮助孩子在这个过程中获得"归属感"和"价值感"。至于家长去哪里学习，老师不必做太具体的推荐，因为有相关书籍、有相关课程、网络上甚至有免费资源，还有一些"妈妈社群"。如果贵校有开

展家长课堂的话，也可以作为课题尝试一下。

2. 从家庭辅导的角度出发，约该生的家庭成员来学校面谈，收集其家庭生活信息；如果有兄弟姐妹的话，他们之间如何相处的信息很重要。因为该生的表现，除了有发育障碍的可能性外，还可能是在用这种方式夺取老师的注意力，即阿德勒所说的"用问题行为控制别人"。如果是后者，问题的根源也在于幼年期与父母、兄弟姐妹的互动模式，如果想获得根本性的改变一定需要家长的配合。

3. 建议家长寻求"影子老师"的帮助。"影子老师"是"跟着"孩子的老师，具备专业干预知识和技术，能为孩子提供专业支持，让孩子更高效、更稳定地掌握集体生活中的必备技能，同时帮助其用适当行为代替问题行为，最终在自然环境支持下实现自我管理。相关费用不菲，需要提前跟家长说明情况，请家长自己联系，了解详情后做决定。

4. 从班级管理的角度，建议制定明确的管理制度并持续执行，所有的管理方式一定要长期坚持执行才会有真正的效果。有些老师喜欢用"吓唬"的方法，但是一旦学生发现老师"只是吓唬一下"，他就会觉得你所有的管理都"不用害怕，不是真的"，管理就失效了。对于该生，我建议更多使用正强化的方式，教会其正确的行为表现，逐渐培养出"我会正确做事，我有能力"的感觉，以及通过"适时的关照"感受到老师和同学的肯定和鼓励。

同行补充

阿*老师： 非常同意乔老师的工作思路，首先要评估该学生的家庭结构及教养方式，找到根源再进行干预。此外该案例不排除是多动症儿童，如果确诊，药物干预与行为矫正相结合效果会比较显著。

我的思考与经验

46. 一年级男生经常扰乱课堂纪律，不听老师指挥

适用对象： 班主任、心理老师　　**适用场景：** 教室、辅导室

陈银欢 回答

匿名 提问： 我目前在一所九年一贯制学校当心理实习老师。我遇到一个一年级男孩，在课堂上不听从老师指挥，经常扰乱课堂纪律，在班里也经常和同学发生冲突。校领导安排我明天去跟他谈谈，目的就是先治标，治本放到后面。我猜测他可能对同学对他发出的人际交往信息理解有误，理解成了攻击性的信息，而且他自己也不知道如何正确回复同学发出的交往信号。我不知道该怎样跟他谈，孩子太小了，请老师指导，谢谢！

从你的描述来看，这个一年级男孩表现为规则意识薄弱、表达能力不强、无视老师权威。这些行为表现有几种可能：

1. 家庭教育为溺爱教养方式，孩子变得目无权威。
2. 这个孩子可能有某种特殊需要，需要经常用这样的方式来表达焦虑情绪。
3. 这个孩子有可能是特殊孩子，存在多动倾向。

匿名 提问（补充）： 谢谢老师，与他聊过之后发现他从小在叔叔家长大。叔叔不怎么管他，父母偶尔管教一下也是采取暴力方式。谈话时这个孩子在我面前表现很乖巧，把做的所有坏事都推到别人身上，说是别人指使他做的，自己其实不想这么做，而实际情况是他撒谎成性。班主任说有一次同学打了他，十几天之后他突然打了那个同学。我该怎么做才能改正他撒谎的毛病呢？目前打算每周约谈他，我需要制定什么措施吗？

同行补充

陈银欢： 孩子在你面前做"好孩子"这其实是好事，也说明了孩子在你面前是有期待和信任的，他才维持好孩子的形象。"撒谎"背后反映了孩子内心的害怕。我们从他成长的环境来看，一个在叔叔家长大的孩子，通过"撒谎"行为能获益（得到关注或者避免惩罚），其实孩子内心是低安全感的。与这个孩子沟通可从几方面尝试：

1. 通过故事或游戏的方式了解孩子关于"撒谎"的看法。这里分几种情况：①孩

子认知水平比较低，他没有意识到自己说的话是大人口中的"撒谎"。②孩子故意撒谎，他害怕因犯错承担责任。

2. 协助孩子分析撒谎带来的后果，让他意识到撒谎的代价。比如失去他人的信任，别人不再愿意和他成为朋友等。孩子的内心是希望自己获得别人喜爱的，心理辅导老师的信任感能让孩子获得再次看待自己行为的机会。

3. 制定行为约定，强化良好的行为。心理辅导老师可与该生共同制定诚信行为约定，每周犯错误后能主动承认、说实话就予以正强化，兑换约定的物质或精神奖励。行为约定可落实在班级管理中实施，心理辅导老师指导班主任制定班级评比"诚信之星"活动，树立守信同伴榜样，营造守信的班级氛围。

孩子的问题根源在家庭教育，父母的暴力管教方式不调整，言传身教下孩子的问题仍然得不到根治，后续跟踪该生的家庭指导心理教育，协助父母与孩子有更多正向积极的沟通。

📝 补充知识点

正强化：个体做出目标行为或反应，随后或同时得到某种奖励，从而使行为、反应强度、概率或速度增加的过程。注意：①只关注个体出现的正确行为。②当个体出现错误行为时，不能将其之前得到的奖励撤销，否则会使正强化失效。

我的思考与经验

---

47. 重组家庭的六年级学生，脾气暴躁，不尊重老师

适用对象：班主任、心理老师　　**适用场景**：教室、辅导室

林红丽 回答

匿名 提问：我校有个重组家庭的六年级孩子，小时候奶奶特别宠溺他，现在家里

管教比较严，必须写完作业才能吃晚饭。他父亲脾气比较暴躁，孩子在学校时脾气也很暴躁，导致人际关系、学习等方面都不太好，对老师也不尊重。今天他说自己想一个人静一静，不想上课，就直接走出教室，老师怎么劝说也不回去。班主任说他二三年级时就出现过这种情况，现在更频繁了，担心他会有过激行为。这种情况我应该如何处理？后续应该怎么做？

重组家庭的孩子会面临很多挑战和问题。在你的提问中，我首先感受到的是老师最担心的——孩子独处时会有过激行为。老师说的过激行为具体是指哪些呢？因为最近在做心理普查，我马上想到的是自我伤害或者伤害别人。如果是这些行为，学校的心理危机干预小组需要对孩子进行评估，也可以借助外界医疗机构，如浙江有一类、二类、三类学生评估，即一般心理危机、严重危机和重大危机。如果属于二类学生，需要心理老师连同班主任、家长制定干预方案，报学校心理辅导中心备案；如果属于三类学生，需要借助外界资源，成立会谈小组，进行转介等等。

如果孩子是一般的行为问题，老师要让孩子感受到被关爱，让孩子感受到温暖。重组家庭的孩子特别渴望爱，老师可以通过表扬他的小进步、送水果和鼓励的小卡片等等传递我们的关心，建立良好的师生关系。以这样的关系作为依托，再通过一点一滴的感化让孩子收起自己身上的"刺"。在孩子脾气温和的时候，及时肯定他，不断强化他正向的行为。孩子不尊重老师，是对所有老师都不尊重，还是对有的老师还是尊重的呢？是所有时候都不尊重，还是有的时候是尊重的？不管孩子尊不尊重老师，我们先要尊重孩子，这也是给他做榜样，并及时肯定他"尊重"的一面。

关于"不想上课就直接走出去"，我看到的积极的一面是，不管面对怎样的困难他都坚持来学校了。通过你的描述我可以感受到，孩子在学习上感受不到成就感，但他还能每天来学校学习。对孩子直接走出课堂的行为，我们也要进一步具体分析，是所有科目都出去吗，还是选择性的？有没有规律？还是那天发生了什么事情？我们可以和孩子沟通边界，允许他在课堂上做一些自己的事情，比如看课外书等等。如果孩子经常上课时走出教室，也可以用行为疗法，允许他出去几分钟后回到教室。如果他出去的次数慢慢减少，要肯定他的进步。对这样的孩子老师要有耐心，单靠班主任的力量是不够的，还要争取任课老师和年级段长的协助，共同温暖、关爱孩子。另外也可以组织家长培训。目前信息不足，不确定孩子现在的家庭情况，是爸爸重组家庭？有没有弟弟或妹妹？爸爸妈妈对孩子出现的问题是怎么看待的？一般对重组家庭孩子的个体辅导之后，如果孩子需要，通过班主任联系，我会和孩子的亲生父母进行交流，因为孩子现在刚刚进入青春期，初中后更多问题会显现出来。孩子可能是因为没有感受到被爱，建议父母组织只有三人参加的家庭日或家庭聚餐，一周一次或一个月一次，要持续一段时间，让孩子感受到父母的爱。当然，重组家庭各有各的困难，我们如何跟家长沟通和交流要根据实际情况灵活变通。

此外，你可以建议班主任在教室外给他设置一个座位（老师看得见，且不靠近栏杆），他想出去的时候就要求他坐在那里不能离开，他可以看书或画画，但要确保环境安全，给予自由的同时又有限制，再潜移默化地影响他。这个过程没有我说的这么简单，需要你和班主任持之以恒地努力，别泄气，静等花开。

同行补充

王雅： 六年级的孩子处于青春期的初级阶段，同时他面临着家庭和学校的双重压力。家庭方面，他的奶奶曾经非常宠爱他，但现在管教变得严格，这让他感到有些失落。同时，他的父亲脾气暴躁，这也可能对他的情绪产生负面影响。在学校方面，他面临着学习压力和人际关系问题，对老师也不够尊重。

针对这种和家庭相关的问题，我们可以用"家校社联合"的思路，并采取以下措施：

1. 开展心理辅导。作为心理老师或班主任，你需要与这个孩子建立良好的沟通关系，倾听他的烦恼和困惑，并提供适当的心理辅导。你可以教他一些情绪管理技巧，例如深呼吸、数数等，以帮助他遇到类似事情时，能更好地控制自己当下的情绪。

2. 寻求家庭支持。在了解家庭情况后，你可以与家长沟通，建议他们尽量减少过于严格的管教方式，多给予孩子一些关爱和支持，尤其是父亲的情绪要尽可能避免在孩子面前爆发。同时，有条件的话，可以建议家长寻求专业的心理咨询或家庭治疗师的帮助，以改善家庭关系和孩子的情绪状态。

3. 社区关怀。如果有的话，可以找当地社工组织合作，为这个孩子提供一些社区方面的关怀和支持。例如，安排一些社区活动，让他感受到社区的温暖和关注。

4. 朋辈影响。在学校里，可以安排一些与他关系较好的同学、朋友对他进行积极的影响。这些同学和朋友可以多与他交流、鼓励他参加各种活动，帮助他改善人际关系和学习状态。

5. 发展爱好。了解他的兴趣爱好后，可以鼓励他参与到自己喜欢的活动中，例如运动、音乐等。这不仅可以让他放松身心，转移注意力，还可以帮助他建立自信心和积极的心态。

6. 设定目标。班主任可以与这个孩子一起制定一些类似"跳一跳，摘桃子"够得着的目标，即通过努力可以达成的目标。例如，让他担任小组长或其他职务，为其他同学服务，这不仅可以提高他的责任感和自信心，还可以帮助他建立良好的人际关系。

补充知识点

设定目标：目标设定有助于个体更好地了解自己的需求、兴趣和价值观。通过设定目标，个体可以更清晰地认识自己的优势和劣势，从而有针对性地进行心理成长，可以为个体提供明确的方向和动力。当个体设定了具体的目标后，他们更容易保持积极的心态，激发内在潜能，努力实现目标。

我的思考与经验

48. 五年级学生经常撒谎，对自己的错误从不承认

适用对象：班主任、心理老师、家长　　**适用场景**：辅导室、家庭

洪洁州 回答

> **匿名 提问**：学校有个五年级学生很会撒谎，在老师面前表现不错，对自己犯的错误绝不承认也不认为自己有错。这样的学生我该怎么进行心理疏导？

孩子撒谎有很多种动机，要解决行为，需先了解其动机：

1. 担心受责罚。美国著名的儿童心理学家基·诺特分析"说谎乃因害怕说实话会挨骂的避难所"。孩子一方面被教导"不可说谎"，另一方面孩子却曾因说实话而挨

骂，这种矛盾的结果是造成孩子说谎的主要原因。

2．为了获得赞赏及注意。有时候孩子说谎是为了博取父母的赞美和注意，如果父母没有察觉还为此高兴，这等于是在鼓励孩子说谎。

3．为了实现自己的愿望（满足需要）。有时孩子所说的谎是他所希望实现的梦想与愿望。例如一个孩子对他的朋友说："昨天，我去动物园玩了！"结果妈妈得知他说谎，非常生气并责骂了他一番，而忽略了孩子很想去动物园的愿望。

4．孩子模仿父母说谎的行为。如果父母经常说谎，很难要求孩子不要说谎。孩子在家里耳濡目染，会学习父母的说谎行为。

5．孩子没有机会说真正想说的话。我们常说孩子是独立个体，但又往往无法真正尊重孩子的情绪与想法，如果孩子常常被迫违背自己的心意说谎，久而久之，孩子就不会觉得说实话是件很重要的事。

6．分不清现实与想象的世界。有时孩子会把愿望当作真实发生的事说出来，这可能代表他的愿望，也是一种想象力的表现，并不能归结为说谎。

7．父母的管教态度过于严格。用过于严格的标准来要求孩子，不但会形成孩子心理上的压力，也易造成孩子退缩的性格。当孩子习惯了压抑自己的真实想法，也许会宁可选择说谎也不愿表达真正的感受。

你可以先判断一下，这个孩子的情况是不是属于1和7两种类型的叠加，如果是，那要辅导的对象可能是家长而不是孩子。

和家长沟通时，除了了解孩子的撒谎动机外，在如何应对孩子说谎方面要提醒家长必须注意以下几点：

1．维护孩子的自尊心。发现孩子没说实话时，除了了解他的动机，在维护孩子自尊心的前提下给予建议，让他觉得你不是要惩罚他，而是要引导他。

2．适当满足孩子的需要。孩子很想得到一样东西或实现某个愿望，父母不妨衡量实际状况，适当地满足孩子。

3．给孩子回旋的余地。非到不得已时，不要揭穿孩子的谎言。

4．鼓励孩子正向的行为。孩子用不实的话来逃避该做的事情时，父母不妨尽量鼓励孩子去完成那件事。

5．通过生活细节和阅读、视听等活动启发孩子独立思考的能力。家中的任何活动都是一种言传身教，父母要时时留意以身作则，改变孩子的不良习惯，同时也要留给孩子独立思考的机会。

我的思考与经验

---

49. 六年级男生经常偷窃、说谎

适用对象：心理老师　　**适用场景**：辅导室、家庭

黄珊珊 回答

中学专职心理教师、硕士、国家二级心理咨询师、中山市优秀教师，曾获广东省第三届中小学心理教师专业能力大赛一等奖。

匿名 提问：有个六年级男孩，父母都是外来务工人员，对他要求比较严格，但教育方式比较粗暴，从小就经常打骂他，有时下手很重。四年级的时候，他的班主任发现他偷同学的笔和小挂件等小玩意儿。班主任用两节课的时间询问他，他承认了这些行为，还说之前从班主任那里偷了27块钱（已经花掉了），还偷了班主任没收的一些学生物品。之后班主任叫家长来学校，说明情况，希望家长能配合教育孩子，家长确实也比较配合。五年级时班主任发现他们班课室门上的钥匙和柜子上的钥匙都不见了。班主任在班里说："这个钥匙也不值钱，如果你玩儿够了就还回来。"第二天，这些钥匙全都还回来了。还有一次，班主任发现自己的语文答案不见了，但是没在意。后来这个男孩的家长发现家里有两份语文答案，就给班主任打电话，班主任知道是这个男孩偷了答案。还有一次男孩的妈妈联系班主任，说她在收拾房间的时候发现孩子把班里二十几个孩子做核酸用的二维码拿回家了。班主任还反映这个孩子平时唯唯诺诺的，经常抠自己身上的伤疤，流血也不在意，而且特别会撒谎。因为我和这个孩子不是一个校区的，所以了解的情况不是很确切，但是感觉孩子的问题比较严重。

就您描述的个案情况，看上去是这个男孩的行为习惯问题，但和孩子的心理需求关联紧密。我有几个疑问：

1. 从四年级首次被发现有小偷小摸行为后，父母是如何配合的？从小家长的教育方式就比较简单粗暴，那被老师告知孩子在学校的行为后，父母在家是如何教育孩子的？

2. 孩子是如何看待与父母的关系的？在班主任与孩子的多次沟通过程中，班主任觉得自己和孩子的关系建立得如何？看您的描述，孩子的偷窃行为第一次被班主任发现，经过两节课的交流后又承认还偷拿了27块钱；第二次关于钥匙的问题，如果班主任确定是这个孩子拿的，那么他之后也还回来了，他似乎在用偷拿的行为满足自己被关注或者被温和对待的需求。

3. 如果语文答案和核酸码是被这个孩子偷走的，这样的行为按照《中学生守则》是要进行一定处理的。这并不是针对他，必要的处理反而可能让孩子受到警醒（不仅心理老师和班主任要介入，学校德育处、年级都需要）。

4. 一个看似唯唯诺诺的孩子，面对父母简单粗暴的教育方式是隐忍还是会对着干呢？他经常抠身上的伤疤，这是自我伤害的一种方式（类似划伤自己的自残行为），家长得知后又是如何反应的？

5. 孩子在家里或者学校有比较信任的人吗？

6. 班级的其他同学如何看待这个孩子？是否知道他的偷拿行为，对他友好吗？

本个案仍然存在许多需要明确的信息，这也是很多老师常忽略的重点。相比心理辅导，目前更重要的是收集到足够多的信息，然后才可以找到更合适的资源去支持孩子。不知道您那边除了心理老师，有无驻校社工呢？社区是否可以介入呢？不管谁介入，我觉得孩子和家长都需要沟通，也需要给孩子提供一些其他可宣泄情绪、满足需求的替代选择。

同行补充

阿*老师： 非常赞同黄老师的工作思路，作为心理教师需要把所有情况了解清楚后，再对个案进行针对性辅导。

我的思考与经验

50. 两个处于青春叛逆期的初二女生，逃课、自残

适用对象：心理老师、班主任　　**适用场景**：教室、辅导室

李宁 回答

> **匿名 提问**：两个初二女生，正处于青春叛逆期，具体情况如下：女生A，和父母的关系不良，学习成绩差，经常逃课、请假，容易和同学发生冲突；女生B，经常自残，和女生A是好朋友，两个人经常一起玩。班主任希望我给两位女生做心理咨询，作为刚入职的新手，应该如何准备咨询面谈？

女生A的情况总结下来是与父母关系不良，学习效能感低，同伴关系不良，你可以从关系入手，建议先充分与其建立安全信任的咨访关系，在她充分确认心理老师这里是安全的之后，根据具体情况，与女生A确定咨询目标（情绪的、人际的，还是学习方面的，任何一个方面都可以帮助来访者重新聚焦在行为改善上，从而进一步帮助来访者有更适宜的自我概念），做进一步推进。逃课、请假的情况需要及时告知监护人，监护人要采取适当措施，做好监护工作，避免在校外发生意外。

女生B有自残行为，需要评估其风险等级并告知监护人。如需就医，也需要在与来访者充分讨论后，部分突破保密原则，及时联系监护人转介就医。根据医院的诊断，再确定下一步工作如何推进。

同行补充

翁卓祺：刚入职就遇到这种情况，对你来说可能会面临一些挑战。我建议先做好心理建设，假如你是这样的学生，去见心理老师时你会怎么想、怎么做？知己知彼方能百战百胜。目前收集到的信息都是问题类，能否从班主任或其他科任老师那里收集到正面的信息？一个人不可能只有缺点没有优点，尤其是这类学生，她们的优点很容易被缺点掩盖。和学生面谈时，建立信任、平等的关系最重要。让学生意识到，这是一位会保密、不居高临下、愿意耐心倾听心事的老师，也是一位愿意发现学生闪光点的老师。在建立良好关系的基础上，针对她们的外部症状开展工作，会有更多的收获。

补充知识点

1. 学习效能感：觉得自己可以胜任学习任务的内在自我评价。
2. 判断风险等级依据：包括既往史、现实压力、当下诊断、自杀意念与计划、社会支持等方面。

我的思考与经验

51. 六年级学生课堂上想发言就必发言，不让说则自行说，如何处理？

适用对象：班主任、心理老师　　**适用场景**：教室、辅导室

冯荫 回答

> **匿名 提问**：想问一下，六年级的一个学生，班主任反映，他上课的时候要是想发言，他就必须得发言，不让他发言，不提问他，他就自己说出来。你要是表扬他，他就一副无所谓的样子；你要是批评他，他就要反驳，每句话都有得回你。班主任想让我（心理老师）和他交流一下。我想知道这是什么问题呢？感觉问题不大，但又不太正常，说是缺乏自控力，但有的时候又有自控力。

这种情况可以再和班主任收集多点信息，比如他是不是一直以来都是这样的？那可能是和他性格有关，性格的形成和家庭教育、学校环境和他个人的感知有很大关系。如果他以前不是这样的，到了六年级才这样，那可能他进入青春期，想获得过多的关注，在同学面前展示自己的能力等。这两种情况在与他个体访谈时就有一些差异。前者性格的塑造是很长程多方面合作才可能扭转，后者主要在建立良好的辅导关系下改变他不合理认知，探讨一个良好的行为目标就可以了。

从我个人经历来看，这种类型的孩子来到辅导室开始会谈，一般他的防御心都很重

的，很难能听到他真实的想法。所以我一般会先邀请他们玩沙盘游戏或者绘画树木人格图，然后根据他们的作品进行探讨，挖到他们核心的认知以及内在需求。后面基本用焦点的技术构建目标。在后续的辅导或课堂自然观察访谈中获取更多的信息，并针对性引导。

我的思考与经验

第八章

性心理困扰
帮助学生不再谈性色变

章节说明：

性心理困扰通常指的是个体在性认知、性身份、性取向、性行为等方面遇到的困惑、冲突或问题。这些问题可能源于个体的内在感受、社会文化环境、家庭教育、同伴关系等多种因素。性心理困扰表现为性别认同问题、性取向困惑、性行为异常、性骚扰经历等。

本章将探讨多个与性心理困扰相关的案例，包括性别认同问题、手淫、性骚扰、自慰、同性恋、性猥亵、对异性的过度追求等。这些案例反映了不同年龄阶段学生可能遇到的性心理问题，同时也介绍了学校心理老师和班主任在处理这些问题时的工作思路和方法。

以下是核心内容和主要观点：

1. 在处理性心理困扰时，首先要建立与学生的信任关系，提供一个安全、支持的环境，让学生能够自由地表达自己的感受和困惑；尊重学生的隐私和选择，在必要时与家长、学校领导和其他专业人员合作，共同为学生提供支持。

2. 在处理性行为问题时，如手淫、自慰等，应从生理卫生和心理健康的角度进行教育和引导，避免过度的罪恶感和自责。老师需要提供正确的性教育信息，帮助学生理解自己的行为，并探索更健康的应对策略。

3. 对于性别认同和性取向问题，心理老师应保持开放和接纳的态度，避免对个体进行标签化，而是通过倾听和理解来支持个体探索自我，帮助学生理解和接受自己的性身份。

4. 对于涉及性心理困扰的紧急事件，如当众自慰等，应迅速采取行动，进行心理干预，同时对受影响的学生进行情绪疏导和支持。

5. 对于遭受性骚扰或性侵犯的学生，心理老师应提供紧急心理干预，强调这不是受害者的错，同时采取措施保护受害者免受进一步的伤害。并协助学生处理情绪，必要时进行转介。

6. 对于性心理困扰的学生，心理老师应持续关注其后续情况，提供必要的支持和资源，帮助学生恢复和改善其心理状态。

通过这些案例和讨论，我们可以看到性心理困扰是一个复杂且敏感的话题，需要心理老师和班主任等教育工作者具备专业的性教育知识、同理心和敏感度，以确保为学生提供恰当的辅导和支持。同时，也强调了在学校环境中开展全面性教育的重要性。

52. 四年级女孩疑似"性别认知障碍"

适用对象： 心理老师　　**适用场景：** 辅导室

翁卓祺 回答

匿名 提问： 四年级女生，据班主任反映该生不与女生玩，喜欢和男生玩，行为也像男孩子，还甚至出现过摸女生下体的情况。今天我与她进行了沟通，她说喜欢班里的一位女生，认为那个女生漂亮、可爱。她在班级跟男生玩得比较多（也和高年级的女生玩），几乎不与同班女生玩。学生告诉我，因为学期开始，班里女生搞小团体孤立她，说她坏话，天天要她道歉，她觉得女生有些小心眼儿、心思多，所以选择跟男生玩，基本上能沟通、交流和玩到一起的都是男生。孤立事件发生后班主任召开过班会教导同学，但该生表示情况也就好了一周，接下来那些女生还是孤立她。后来她感觉自己喜欢女孩子，也跟妈妈分享过，妈妈只说了一句，"你可别这样，要不就是同性恋了"。我判断女孩可能在性别认知方面有问题，针对这种情况，我应该怎样跟她沟通，修正她的行为呢？

根据你提供的信息，这个女生应该是班主任转介过来的。这些信息包含了几类问题：人际关系，性别认同，性倾向，亲子沟通等。不知道你和这位女生有没有谈过这些问题：她觉得自己目前是不是面临什么困难？有没有哪些是迫切需要解决的？

你最后的提问用了"修正"这个词，是否意指"摸女生下体"之外，还有其他需要"修正"的行为？性别认同和性取向是比较小众的、需要谨慎处理的议题。在性别认同上，或许该女生只是言行比较像男性；抑或是，她已经有自我认同为男性的部分开始萌芽。而性倾向更是具有流动性的，这种"喜欢女孩子"的感觉，在青春期之前，可能存在所谓的"假同性恋"；也可能，这就是她未来的性倾向状态。

关于这个个案的工作该如何开展，我的想法是，我们可以多听听女生自己的描述，引导她探索内在自我的部分。外在的不合理行为，可以向她指出，通过换位思考等方式，让她感受其中的不适，并要求她改正。如果感觉自己应对个案有困难，为了避免给当事人造成误导或伤害，我们还可以选择求助督导或转介给其他同行。

📝 补充知识点

关于性心理困扰的几个关键概念：

1. "性倾向"和"性取向"，在学术上通常被视为同义词，都用来描述一个人对特定性别（异性、同性或两性）的情感和/或性吸引。然而，根据语境和个人偏好，某些情况下可能会有所区分。例如，一些资料可能会使用"性倾向"来强调情感上的吸引，而"性取向"则可能更多地用于描述性吸引。性倾向关注于一个人对某个性别或两性的吸引，而性别认同则是个人对自己性别的内在感受和认识。在学术讨论中，这些术语的具体使用可能会根据研究的焦点和文化背景有所变化。

2. 性别认同（gender identity）：是指一个人内心深切感受到的基于个人体验的性别，可能与出生时被指派的性别相同（顺性别）或者不同（跨性别）。性别认同包括对身体的个人感觉和认知，以及性别的表现形式或表达方式（如着装、言语、举止等）。

3. 性别身份认同（gender identity）：与性别认同在学术上通常也是同义的，都涉及个人对自身性别的内在感知和认识。不过，性别身份认同有时可能会被用来更强调社会和法律层面上的认同，尤其是在讨论个体如何在社会中表达和被认知其性别时。

4. 性唤起：指在性活动之前，通过心理或生理刺激而引起的一系列的生理反应。

5. 性别表达：指个体性别身份在外在的物质层面的表现（如服饰、妆容、发型等），以及表现个体的社会性别的行为。性别表达可能与个体的性别认同相一致，也可能不一致，这分别被称作性别常规表达和性别非常规表达。

心理学从业者应当努力辨别、反思，并在合适的情况下挑战自己对于生理性别、社会性别、性别认同、性别表达和性倾向的价值观和偏见。

以上概念来源于《美国心理学会性少数人群心理实践指南》《性与性别友善心理从业者入门手册》《国际性教育技术指导纲要（修订版）》等。

我的思考与经验

53. 六年级男生自述有"手淫"

适用对象： 心理老师、班主任　　**适用场景：** 教室、辅导室

谢晓燕 回答

> **匿名 提问：** 今天一个六年级的男生主动向我坦白，两年前开始会不自觉地手淫。我问他第一次做这个动作时是因为什么？孩子支支吾吾地解释说"因为看了一些短视频……里面有很多裸露的画面……然后就……"请问遇到这种情况我该如何进行辅导？

其实不止心理老师，班主任包括科任老师可能都会遇到学生性心理方面的问题。我个人觉得需要从两个方面处理，首先是老师如何理解这个问题，其次才是遇到这样的学生该如何辅导。

首先，请老师询问自己：你做好和学生面对面谈性话题的准备了吗？男性老师面对这个问题可能会比较坦然，但女性老师可能会因为学生的主动坦白而猝不及防，所以这时候也需要自我进行心理建设，做好心理建设后，才能更理性、顺畅地和学生聊这个话题。如果你自己都难以启齿，对性教育缺乏平常心和正确的认识，那很可能没办法回应学生的问题。

其次，针对学生自述的"手淫"行为，我们可以怎样沟通？首先，我们辅导的目标是什么？学生是希望遏制自己的行为，还是有其他诉求？这需要我们深入了解，也影响我们接下来的辅导过程。目标不一样，辅导的侧重点也就不一样。如果学生不知道如何界定"手淫"行为，希望通过询问老师来弥补知识盲区，那我们可以适时进行性教育。如果学生是觉得"手淫"行为不好，但无法控制，我们可以建议他采取行为矫正以减少"手淫"行为，如不看会引起性冲动的短视频；当有手淫冲动时转移注意力做其他事情等。

在辅导的过程，我们可以适时地对学生进行性知识科普。如青少年手淫的弊端：①青少年在手淫时往往怕被发现，总想尽快结束，并且自慰时大多会看黄色视频，视觉、听觉接受的刺激太强（黄色视频基本是特意制作的，所以会形成超过真实性交场景的刺激），导致每次都高度兴奋，形成习惯性射精过早以致稍有刺激就会导致射精。②由于缺乏性知识，导致对自己忍不住自慰有很大的心理愧疚和懊恼，因而产生心理问题。③频繁手淫会导致出现疲劳、健忘、精力不集中等现象，影响日常学习和生活。

最后一点，青少年手淫行为具有普遍性，是成长过程中难以避免的，不要归咎为学

生个体的问题，避免产生过度的"罪恶感"，其背后的原因是青少年对于性的好奇以及性知识的缺乏，要引导学生把注意力放在如何戒掉手淫，回归正常生活。

我的思考与经验

54. 初二女生被男同学"性骚扰"，自身认知出现问题

适用对象：班主任、心理老师　　　**适用场景**：教室、辅导室

闫芳 回答

匿名 提问：最近接待了一个初二女生，她觉得自己现在很混乱。从初一下学期开始就有男孩对她"性骚扰"，比如让她听话，用东西划她的手臂，摸她，拍照之类。最近有四个男孩去家里找她，爸爸妈妈发现后告诉了学校学生处，学生处处罚了这几个男生，最近没有再"骚扰"女生。但是女生觉得现在自己脑子很乱，认为要不是他们找到家里，也不会被学校处罚。之前有一个男孩对她传递了太多"管教"观念，让她对自己的认识出现了问题，有时感觉自己就是个玩物，但现在又很想回到他们的"管教"之下，虽然知道自己要学习，但受他们影响觉得学习也不是很重要。

我对她愿意来向我求助、想要尝试改变现状给予肯定，因为她着急回教室上课，所以只能和她另约时间再做咨询。我想帮助她，但是目前传递的信息有限，请教老师们，我应该怎样开展接下来的工作？

这个女生所谓的"混乱"是典型的青春期性意识觉醒的表现，她和这几个男生都没有接受正确且及时的性教育和性知识。男生或许是受一些不良视频的影响，对女生的行为本质就是"性骚扰"。

我们在给女生做咨询时，首先，应该让她增强自我保护意识，这些男生的行为就是"性骚扰"，是不正确的，这是男孩的错，并不是她的。其次，每个人都应该对自己的身体负责，对自己的身体有绝对的掌控权，谁都不是谁的玩物，面对他人不合理的要求

要勇敢、坚定地在第一时间拒绝。最后，每个女孩的青春都是美好而珍贵的，不要因为这件事情自卑自责，应该从这件事开始，寻找更加坚定、理性的自我认知。

此外，我觉得很有必要跟那几个男生聊聊。他们的行为已经属于"性骚扰"，甚至可能涉嫌犯罪。青春期对性有好奇是正常的，但要从正确的途径了解相关知识，不要接触非科学的淫秽网站或视频等。他们要为自己的行为负责，尊重异性，珍惜青春，做更有意义的事情。

同行补充

刘冰（高中专职心理教师、华中师范大学心理学硕士、国家二级心理咨询师、区教研室成员）：做咨询时，还要引导该生发现自己的独特之处，建立目标感和自信心。同时，鼓励该生多参加班级活动，多与班内同学交流，探索自我的价值和学习的意义，以逐渐消减"性骚扰"对该生的负面影响。除了跟进女孩的咨询，还要及时与该生班主任沟通，了解该生在班内的实际情况，以便再次出现类似问题时，能够及时制止并保护好女孩。

我的思考与经验

---

55. 初二男生在班级当众自慰，同学受到伤害

适用对象：班主任、心理老师　　**适用场景**：教室、辅导室

黄珊珊 回答

中学专职心理教师、硕士、国家二级心理咨询师、中山市优秀教师，曾获广东省第三届中小学心理教师专业能力大赛一等奖。

匿名 提问：我们学校有个初二男生，当着全班同学自慰，甚至还用生殖器顶别人。这件事在学校影响很大，学校希望我对班级受到伤害的同学进行心理干预，具体该怎么做呢？

我想知道学校目前是如何应对和处理当事男生的？他的具体情况是怎样的？他之前是否有过类似但较轻的行为？他的家庭背景如何？与同学的关系如何？被他直接影响的学生是男生还是女生，他们的现状如何？了解这些情况有助于您更恰当地回应班级同学。

此事属于紧急突发事件，对部分同学可能产生了较大影响，因此需要做好后续的班级和个人跟进工作。个人跟进应由班主任和心理老师负责，而班级跟进可以综合多方力量进行。在您进行心理干预之前，建议学校的生物老师，最好是班级生物老师对学生进行青春期性知识普及和教育，男生和女生可以分别进行讲解。生物老师能够科学地解析自慰、性冲动等的原因，并指导学生如何进行自我调节。

接着，您可以针对全班进行辅导，也可以根据学生受影响的程度进行小团体辅导。具体内容可以包括：

（1）澄清事情：需要综合年级或学校的意见，既要给学生一个交代，又要考虑到当事学生的实际情况，对其进行保护。例如，解释当事学生为何会有这样的行为，以及他目前正在寻求解决方法。

（2）疏导学生情绪：引导学生认识到这件事对他们的影响，以及他们如何看待这件事和这位同学。老师可以让学生知道，在事情发生后的一段时间内，任何情绪都是正常的。我们可以尝试理解、接纳这些情绪，但如果情绪持续时间过长或严重影响到学习生活，就需要专业人士介入处理。

（3）调节措施：包括学生个人和班级内可以采取的措施。在班级内应避免讨论和议论此事。如果受到影响，学生应尽量与同学相互支持，保持正常的作息规律等。当事学生返校后如何与其相处，可以在他返校前与班主任进行协商，必要时进行干预和引导。

同行补充

王雅：建议您在本次辅导后继续与班主任保持沟通，持续跟进班级状况，及时给受害者提供情感支持和理解，帮助他们缓解情绪和减轻压力。

我的思考与经验

56. 离异家庭的初三男生认为自己是同性恋

适用对象： 心理老师、班主任　　**适用场景：** 教室、辅导室

李宁 回答

匿名 提问： 这是一个学生以"他家亲戚的问题"的名义来咨询说：某初三男生认为自己是同性恋，小学六年级时曾和父母说过这个问题，但父亲不管，母亲不能接受孩子的说法，说他心理有问题，要找专业机构来纠正，后来男生的父母离婚。我想借此案例咨询老师，该怎样辅导学生性取向的问题？

我们可以跟该生继续讨论他自己对性取向的看法，了解他是怎么发现自己是同性恋的？是否有同性的性唤起经历，对同性恋的看法，同性恋给自己带来的影响（积极、消极两个方面），确认来访情况。如果是真性同性恋，来访者也不存在任何性别认同困扰（为自己是同性恋而感到痛苦、苦恼），那么根据实际情况，明确下一步工作方向，比如：家庭成员是否知晓？是否因此有家庭成员之间的认知冲突？是否需要由老师介入心理宣教或引导其家庭成员之间相互表达期待等等。

如果来访者只是依恋的投射，为假性同性恋，或者因为性别认同等问题存在心理困扰，可以就具体的困扰来开展咨询工作或直接转介。

我的思考与经验

57. 初中女生被成年男性猥亵

适用对象： 班主任、心理老师　　**适用场景：** 辅导室

王雅 回答

匿名 提问： 初中女生被成年男性猥亵，该如何对其进行干预和辅导？

因未提供更详细的信息，所以仅提供个体辅导时的参考思路：

1. 要强调她的价值和能力。让学生知道这不是她的错，这点非常重要，你要反复地告诉学生这不是她的错，是对方的错。可能她会自罪、自责，觉得自己不好，产生自我怀疑。作为老师，一定要跟学生强调，无论周围的人说什么，她都要记住这不是她的错，她仍然是一个有价值、有能力的人。

2. 鼓励学生尽可能表达出自己的感受，以此帮助学生建立自尊和自信。引导学生宣泄情绪，哭出来。"空椅子疗法""沙盘技术"都是很好的方法。让学生知道她的感受是正常的，她有权利表达自己的恐惧、愤怒和悲伤。同时，要尊重她的表达节奏和方式，如果学生不愿意，不要强迫她讲述更多的细节。

3. 如果学生还未告知其他任何人，根据《关于建立侵害未成年人案件强制报告制度的意见（试行）》需向学校相关部门报告此事，应当立即向公安机关报案或举报。当你得知此事，就有法律上的强制报告义务。

4. 持续关注学生的后续情况。在事件发生后的一段时间内，要定期与学生和家长沟通，了解她的情绪和正常生活的恢复情况，提供必要的支持和帮助。

补充知识点

1. 空椅子疗法：空椅子疗法是一种心理治疗方法，通过想象与自己有冲突或未解决问题的人坐在对面的空椅子上，并与他们进行对话，帮助个体处理内心的冲突、未解决的问题或未表达的情感。这种方法可以应用于各种情感问题，如愤怒、焦虑、抑郁、内疚、孤独感等。

2. 沙盘技术：沙盘游戏治疗，也称为心理沙盘技术，由荣格学派心理分析师多拉·卡尔夫创立。在沙盘游戏治疗中，来访者会在沙盘中运用各种小物件来构建一个场景，这个场景通常反映了他们内心深处的情感和经历。通过这个过程，患者有机会深入探索自己的内心世界，表达并理解自己的感受、想法和需求。此外，荣格的分析心理学中的"词语联想""梦的分析"和"积极的想象"等心理分析技术在沙盘游戏疗法运作的过程中起着重要的作用。

我的思考与经验

58. 初中男生父母离异，家庭管教缺失，偷女孩内裤

适用对象：班主任、心理老师　　**适用场景**：辅导室、家庭

洪浩州 回答

> **匿名 提问**：一个初中男生在家与爸爸发生争执，在学校又与同学产生冲突，在被叫到办公室调解时，趁老师接电话的时机他跑出学校并藏了起来。家长、老师多方寻找后，发现他自己回了家。两个月后男生所居住的小区居民给学校打电话，说通过视频发现他家女儿内裤多次丢失可能与这个男生有关。居民反映该男孩父母离异，爷爷奶奶对他比较溺爱，但管教不了他。希望学校在保密的前提下，对男孩进行引导、教育。男孩从未主动到咨询室来沟通，我想找老师作为中介请他来咨询室，又怕他内心戒备不能坦然面对。我该如何推进工作？

对于这类没有主动求助意愿，且受家庭教养和不良互动导致各种心理、行为问题的学生，你不一定非要自己亲自上阵去做辅导。他的问题成因也比较复杂，需要社会支持系统，家庭关系也需要较长时间重构。靠一两次脱离家庭的心理辅导是起不到多大作用的。如果家长寻求学校的帮助，领导让你跟进，这时你可以作为一个统筹者为他及家庭找到更合适的专业力量。例如当地如果有条件，可以找与街道合作的社工跟进介入，作为长期个案。因为家庭、社区是社工更擅长的领域，你可以在学校配合做一些辅助性的跟进。如果当地没条件，鉴于他曾偷拿女孩子内裤，街道有相关职责必须介入。

最后强调一点，心理老师的工作是有边界的，并非有求必应。心理老师首先是学校的老师，辅导也要遵循一定的原则。即便你有能力在校外开展工作，也需要得到相应的授权。当然，作为老师可以提出建议，并力所能及地为他寻找更合适的专业人士。

同行补充

古比古比：学校还是有学校自身覆盖的范畴，超越了学校的范围，还是与社会联网最好。

我的思考与经验

59. 初中男生对喜欢的女生死缠烂打，我行我素

适用对象：心理老师　　　**适用场景**：辅导室

翁卓祺 回答

匿名 提问：有个初中男生喜欢一个女生，在外人看来简直喜欢到发狂的程度。他考试时不做题，把女生的名字写了满满一卷子。女生并不想搭理他，但是他非常执着，已经影响到女生正常的学习和生活。老师劝导他也无济于事，依旧我行我素。对这样的男生我该如何辅导？

对于你描述的这种"发狂"的表现，我们首先要做的，是排除人格障碍或精神疾病方面的问题。我们可以通过约谈该男生，评估他的现实检验能力，比如是否有关系妄想，如果有就需要立刻转介，因为超出了我们的职责范围。

如果没有这方面的问题，下一步的工作内容就是"以该男生为中心"。提问中写的是"对他劝导"，这是从"女生受到困扰"和"影响老师管理班级"的视角出发开展的工作，而作为心理老师，我们要做到真正的人本主义，听听男生的心里话。比如，他什么时候开始喜欢这个女生？喜欢她哪些方面？如果对方拒绝自己会有什么感受？这份喜欢对自己来说意味着什么？一个人要怎样表现才可能被喜欢被接受？等等。如果他愿意多谈谈，或许我们能看到他"发狂"背后的其他心结。

我的思考与经验

第九章

留守和其他困境儿童
建立自信和自我价值感,为孩子提供全方位支持

章节说明：

留守儿童是指那些父母因为工作等原因长期在外，而孩子留在家乡由其他亲属（通常是祖父母）照顾的未成年人。这些孩子可能会面临缺乏父母直接的关爱、家庭教育方式可能存在问题、社会支持系统较弱等挑战，会因此出现情绪问题、行为问题、学业困难、社交障碍等心理问题。留守儿童的心理问题不仅涉及个体层面，还反映了社会经济结构、城乡差异、家庭功能等宏观社会问题。

本章将探讨留守儿童在心理辅导和教育方面的需求，包括六年级女生与祖父母生活的困境，如何对留守、困境儿童开展团体辅导和主题教育，留守儿童和单亲、贫困等困境学生的心理辅导方法，以及初二男生与奶奶闹矛盾后的自我封闭行为。

以下是核心内容和主要观点：

1. 对于留守儿童，心理老师需要提供一个安全的环境，让他们能够表达自己的感受，这对于缓解他们的情绪困扰至关重要。

2. 心理老师应挖掘留守儿童的内在资源和优势，帮助他们建立自信和自我价值感，同时了解和利用他们的社会支持网络。

3. 在进行心理辅导时，应避免让留守儿童感到自己特殊，而是通过同质性团体辅导等方式，让他们感受到归属感和支持。团体辅导和主题教育应结合学校的德育、团队活动等资源，为留守儿童提供全面的支持。

4. 心理老师在辅导留守儿童时，应关注他们的成长环境，包括家庭关系、同伴关系和学校环境，以提供更全面的支持。

5. 对于出现严重心理困扰的留守儿童，如自我封闭、有轻生念头等，心理老师需要及时介入，必要时与家长、学校领导和其他专业人员合作，共同为学生提供支持。

6. 在处理留守儿童的心理问题时，心理老师应保持敏感和同理心，同时注意自己的情绪和态度，因为老师的关心和支持也是孩子的重要资源之一。

通过这些案例和讨论我们可以看到，留守儿童（及困难处境学生）的心理辅导工作需要综合考虑个体、家庭和社会多方面的因素。要特别注意的是，一定要收集到足够的信息才能调动更有利的资源，以确保为这些孩子提供有效的心理支持和帮助。

60. 六年级女生常被外婆责骂，有轻生念头

适用对象：班主任、心理老师　　**适用场景**：教室、辅导室

陈曦 回答

专职心理教师、一级教师、学校督导评估部主任、重庆市南岸区教育学会家校社共育研究会副秘书长。

> **匿名 提问**：一名六年级学生有如下情况：孩子的父母都在外地上班，平时跟外公外婆一起生活。她的外婆经常骂她，还说一些很难听的话，她说知道外婆是为了她好，但是她感受不到。她和外婆解释，反而遭到外婆语言威胁，说再回一句就打她，把她扔出去。有时候她甚至不知道自己错在哪儿。从学习到生活，她外婆只要看她不顺眼就骂她。她想一了百了，可又做不到。我该如何帮助这个女生？

您提到的这个孩子因为隔代养育，社会支持系统相对较弱。作为老师，我们可以通过倾听她的感受、挖掘她的支持资源和思考未来的可能性来提供帮助。

首先，倾听她的感受非常重要。这个孩子可能感到委屈、愤怒和无助，她需要一个安全的环境来表达自己的情绪。作为心理老师，我们可以提供一个倾听的空间，让她感受到被理解和被接纳。压抑的情绪如果得到充分的表达，能够打消她的轻生念头。

其次，我们要挖掘她的资源取向。了解她擅长什么、对什么感兴趣、如何自我安抚以及在什么情况下会感到平静，这些都是了解她内在力量的关键。同时，我们也要询问她的朋友、外公和其他支持系统的情况，以更全面地了解她的社会支持网络。当然，也可能在她身边找不到什么积极正向的支持性资源。此时，学校内的老师、同学，包括你，都是可以作为正向资源存在的。

最后，我们还可以与孩子一起设想她未来的中学生活。了解她对中学的设想和期望，是否会住校、与外婆的距离是否会改变等。这可以帮助她思考未来，并意识到随着时间的推移，困难可能会得到解决。

总之，作为心理老师，我们的目标是陪伴这个孩子寻找资源和希望。在这个过程中，我们也要关注自己的情感和态度，因为我们的关心和支持也是这个孩子的资源之一。

> **补充知识点**
>
> 资源取向：是一种心理咨询的理念，它强调关注个体的内在资源和优势，而不是仅仅关注问题和障碍。

我的思考与经验

---

61. 如何对小学留守和困境儿童开展团体辅导和主题教育？

适用对象：班主任、心理老师　　**适用场景**：教室、辅导室

黄珊珊 回答

中学专职心理教师、硕士、国家二级心理咨询师、中山市优秀教师，曾获广东省第三届中小学心理教师专业能力大赛一等奖。

> **匿名 提问**：我校要对留守和困境儿童开展团体辅导和主题教育，涉及爱国主义教育、生命健康教育、挫折教育和感恩教育等主题。学校目前一到六年级的留守和困境儿童有90人，学生各方面基础和素质处于中等偏下水平。个人对这项工作完全没有头绪，特别是团体辅导，请问我该如何开展工作？

学校能对留守和困境儿童做到早关注是非常好的。团体辅导和主题教育不是心理老师一个人的工作，已经超出心理老师的工作范畴，可以结合学校的德育、团队活动等，联合班主任、驻校社工、道法老师、音体美老师等多项资源。也就是说，这需要有自上而下的安排和组织，即学校要有部门或处室负责此事。

首先，需要了解留守和困境儿童的基本情况，可以通过班主任反馈、约谈家长、家访等形式，在提供指导、辅导和帮助时也可以有的放矢。建议做一个表格，定期记录学生的情况并定期更新，最好能"一生一策"，每个学生有自己的心理档案。

其次，对学生的情况进行分类跟进，有些学生可能比较敏感，适合个体辅导；有些状态相对较好，则适合团体辅导。团体辅导需要借助团体互动过程中产生的团体动力发

挥作用，不是所有情况都适合进行团辅。可以通过招募的形式，让有相似问题的学生主动报名组成同质性团体，注意孩子的年龄，不要差别太大。

最后，设计团体方案。可以根据小团体的情况制定活动方案，必要时可以加入家长、老师、同学等资源，增强学生的社会支持系统。设计方案前可以在中国知网查阅文献资料作为参考，学习不同主题的内涵。

同行补充

王雅：我认为还可以从留守和困境儿童中选拔一些表现积极、有领导力的学生，作为团体辅导的助手或小组长。通过培训，使他们掌握一定的心理辅导技巧，能够在团体辅导中发挥积极作用。

✏ 补充知识点

同质性团体：是指成员在某些方面具有相似或相同的特征或经历的团体。这些特征或经历包括年龄、学历、生活经历、心理困扰、需要解决的问题等。因为他们有相似的经历和感受，更容易理解和支持彼此，更容易形成信任关系，建立起紧密的联系。

我的思考与经验

---

62. 如何对留守儿童和单亲、贫困等困境学生进行恰当的心理辅导？

适用对象：班主任、心理老师　　**适用场景**：教室、辅导室

鲁洁 回答

匿名 提问：学校要求对留守儿童和单亲、贫困等困境学生进行有针对性的辅导措施与教育。但是我觉得应该把他们当成普通的孩子一样看待才更有利于他们的心理健

康。请问如何让他们觉察不到特殊，又能够进行恰当的心理辅导呢？

针对你提的问题，我的看法是这样的：

首先，我们自己的认知要改变，心理健康教育工作面向全体学生，自然留守和困境儿童同样也包含其中。在很多地区，地方教育局每年都会要求各校上报各类重点关注学生的跟进情况，有无学业失败、疾病、家庭变故、人际冲突等明显的动机冲突或突遭重挫者，以及社会支持系统长期缺乏或丧失者等等。为什么学校对留守和困境儿童要有单独的针对性措施与教育，大概率是因为这类孩子出现心理问题的行为或表现的比例更大，这也是对学校和心理老师的履责要求。

其次，要看我们所属学校的现状，有没有对这些学生进行情况摸底并进行相应的数据统计，这些数据和我们如何开展工作密切相关。如果每类人群不多，我们在上课时就可以很自然地开展个体辅导。如果这些学生人数达到一定数量，那我们可以按同一类型开展同质性团体的团体辅导。

在开展团体辅助时为了避免孩子们感觉自己被当作"特殊群体"，我们可以采取一些技巧，比如说他们是全校的幸运儿，因为这个组合是由在学校系统里随机抽取到的同学组成的。

最后，若一个班级中某类情况（如单亲家庭）的学生人数超过该班三分之一，我们也可以有针对性地为该班设计相应主题的心理课。

我的思考与经验

63. 初二男生与奶奶闹矛盾，把自己锁在房间里

适用对象：班主任、心理老师　　**适用场景**：辅导室、家庭

闫芳 回答

匿名 提问：初二男生把自己锁在房间里，不上学，晚上吃饭才出来。班主任说起

因是男生的奶奶把他的学习机强行给了他弟弟，他非常不高兴，说讨厌奶奶，把自己关在房间里不出来。男生的父母都在外打工，由奶奶带他。期间很多人都尝试让他开门，但都没成功。班主任邀我去家访，作为心理老师我应该怎么做？

从描述来看，我们不确定这个孩子的内心需求和真实想法，但很有可能是以一种极端叛逆的方式来表达自己得不到满足的内心诉求。对于父母不在身边的孩子而言，他需要来自父母的关爱，需要得到和弟弟一样公平的待遇，但是都没有得到，其实他不是讨厌奶奶，而是讨厌被忽略的感觉。

班主任邀请心理老师陪同家访，说明班主任对学生心理关注的意识还是很强的。作为心理老师，首先向监护人和班主任了解学生的基本状况，成长经历，同伴关系和学业表现。如果直接面对学生，那么要表达出我们可以理解他的内心感受，引导学生把内心的诉求表达出来，不管能不能解决，都要让学生知道他是被关注、被爱的。推荐焦点解决短期治疗的思路，发现孩子身边的积极力量，重塑社会支持系统。但是孩子的问题需要多方协助、共同助力，需要哪怕身在外地也要及时表达对孩子关心的父母的助力，需要实际养育人奶奶的助力，需要班主任和学校的力量，更需要孩子本身的内驱力。

同行补充

李宁：看上去是男生对奶奶的偏心在抗议，实际上跟父母的依恋关系可能也没有建立得很安全。家访时，可以先问问孩子是否愿意跟您面谈，如果孩子愿意，可以邀请他来咨询室面谈，过程中注意孩子的情绪，以倾听和共情为主去开展个案工作。如果孩子不愿意面谈，可以试着跟奶奶、弟弟，或者爸爸妈妈沟通，收集更多的家庭互动模式，引导男生的家人意识到家庭系统对孩子当下行为的影响。如果家人愿意做出适当的调整和行为改变就更好了，这需要看具体约谈的进度和情形。初二男生正处于青春期最敏感的时候，包括奶奶在内的家人，在沟通时要注意和男生说话的语气与声调，"和"孩子说话，而非"对"孩子训话，不要随意批评、命令、谩骂以及操控说话权，避免把初二男生仍当成是小孩子。如果家人行为能有所改变，可以以此作为一个突破口，尝试再一次约谈该生。这是首次家访的一些工作建议。

彭超（高中专职心理教师、硕士，曾获烟台市心理健康优质课一等奖、烟台市高中心理健康教育在线优质课程资源一等奖）：由于学生不愿意开门，在家访时可以先与其监护人协商由老师单独与其沟通，尝试让学生表达自己，或者将门打开。当学生表示愿意与老师交流后，要询问学生是否愿意其监护人加入谈话。在这个过程中心理老师要表明自己的立场即价值中立，取得学生的信任。该学生的行为实际上是一种自我保护机制，在生活中缺少父母的关爱和安全感，他在不断的失去中成长，目睹家长的离开，自己的物品还要被迫分给弟弟。其反抗的对象也许不只是奶奶，很有可能还包含父母等人，所以心理老师要做好准备，面对的是整个复杂的家庭关系。针对以上的情况，心理老师可以选择从人本主义思想出发，无条件接纳该生，让其感到温暖和被关怀。当学生愿意走出房门与家人交流时，心理老师可以作为一个引导者，帮助双方合理表达诉求，通过平和的方式商讨诉求是否可以满足。当学生愿意回到学校后，可以和学生进行约谈，因为他不愿意上学，也说明其在学校的表现可能存在问题，在学校中缺乏支持和关怀，后续可以采取咨询的方式帮助学生发现身边可以利用的资源。

补充知识点

焦点解决短期治疗（SFBT）的辅导思路及具体步骤建议：

1. 问题描述阶段：在这一阶段，咨询师和来访者共同探讨和定义来访者面临的问题。这一阶段的目的是确保双方对问题有清晰和一致的理解，为后续的治疗工作奠定基础。

2. 发展积极明确目标阶段：在此阶段，咨询师帮助来访者设定具体、可实现的目标。这些目标应当是积极向上的，能够激励来访者采取行动去改善当前的情况。

3. 探索例外阶段：这一阶段涉及到识别和利用那些不符合一般化假设的情况，即那些与问题相反或不那么典型的情况。通过这种方式，可以帮助来访者发现新的解决方案或增强现有的资源。

4. 会晤结束前反馈阶段：在最后阶段，咨询师会提供反馈，总结治疗过程中的关键点，并讨论如何将所学应用于日常生活中，以促进持续的改善和发展。

我的思考与经验

第十章

自毁行为
拉住"悬崖边"学生求助的手

章节说明：

　　自毁行为，也称非自杀性自伤行为（NSSI），指个体故意对自己身体造成非致命性伤害的行为。这种行为通常不以结束生命为目的，而是作为一种应对压力、情绪困扰或心理痛苦的方式。自毁行为包括割伤、烧伤、故意撞击等。本章个别案例同时涉及攻击和伤害行为，限于篇幅也纳入自毁行为之列。自毁行为在青少年和成年人中都可能出现，尤其是在面对家庭问题、人际关系困扰或学业压力等问题时。近些年来青少年的自毁行为已经成为学校心理危机事件的重要形式之一。

　　本章将探讨自毁行为的多个案例，包括割腕、自残、跳楼等。这些案例反映了不同年龄阶段学生可能会遇到的自残行为，同时介绍了学校心理老师和班主任在处理这些问题时的工作思路和方法。

　　以下是核心内容和主要观点：

　　1. 当发现学生有自毁行为时，需要立即启动学校危机预警机制，并进行二次评估，确保学生的安全。

　　2. 心理老师应与班主任、家长和学校领导紧密合作，共同制订干预计划，必要时转介至专业医疗机构。

　　3. 在与有自毁行为的学生沟通时，应建立信任关系，共情、理解学生的感受，避免直接质问自伤的原因，而是通过倾听和引导帮助学生表达情绪。在班级中，心理老师和班主任应通过班会、主题教育等方式，提高同学们对心理健康的认识，预防自毁行为的模仿和传播。

　　4. 对于有自毁行为的学生，老师应提供情感支持，帮助学生找到替代的应对策略，如情绪调节技巧、寻求社会支持等；同时还应定期回访，跟踪学生的情况，及时调整干预策略。

　　5. 在处理自毁行为时，老师应注意自己的专业边界，确保自己的安全，并在必要时寻求同事或上级的支持。

　　6. 对于有自杀倾向的学生，老师应确保学生的安全，并与家长沟通，强调就医的必要性，同时做好记录和报告工作。

　　通过这些案例和讨论，我们可以认识到自毁行为是一个复杂的问题，心理老师和班主任在处理这类问题时必须懂得如何与家长、学校领导和其他专业人员合作，共同为学生提供专业支持。

64. 六年级两个女生先后割腕，是否存在相互影响？

适用对象：班主任、心理老师　　**适用场景：**辅导室

陈银欢 回答

> **匿名提问：**有个六年级女生突然割腕，她学习等各方面都很优秀，之前在学校也没有任何反常迹象。班主任跟她沟通时发现学生的自我保护性很强，只说跟家里有点关系。班主任跟家长沟通时家长也感到非常意外，之前完全觉察不到女儿有什么反常的地方。家长曾无意间看见她跟朋友的微信聊天记录，有很多跟"死亡"等消极词汇有关的对话。班主任让我给学生做个咨询，但学生可能有点抗拒，我不知道怎么进入辅导，请给我一些建议。昨天这个班级的另一个女生也割腕了，起因是跟班里一个男生告白失败，而且同学们都知道她喜欢那个男生，感到很丢人。这两个学生先后割腕，后者是否有被前者影响的可能呢？恳盼老师能够解惑。

学生割腕的非自杀性自伤行为近年明显增多，有部分是受网络媒体或同伴影响出现模仿行为。出现割腕行为之前并不是没有迹象，当事人内心出现巨大的心理冲突而引发强烈情绪（焦虑或抑郁），用当下已有的办法无法解决时，有可能选择的一种帮助自己释放压力的方法（割腕）。

你描述的这位学生各方面都优秀，可能她出于维持自己在老师、家长面前的"好学生"形象故意隐藏自己真实的想法。如果你直接切入问"你为什么割腕"可能会破坏你们咨询关系的建立。如果你给她的班级上过心理课，关系也建立得不错，你在与她单独会谈时可以拉拉她的手（或拍拍她的肩膀），给她倒杯蜜糖水，关心她手上的伤口，然后再共情、理解地跟她聊聊她目前担心的事情，以及你可以提供给她的帮助。

此外，跟她微信聊天的几位好友如是班里的同学，让班主任安排几位知心的"小卧底"打探情报并及时报告，动态监测这两位同学的心理状态，做好班级学生思想引导。如有时间，让班主任协助你开展生命教育主题班会。

至于家长沟通方面，要做好家长心理健康教育，以心理老师的专业意见反馈孩子割腕行为后的心理需求，正确看待割腕行为，不要追问或责备孩子，营造支持和安全的家庭环境，协助家长面对孩子目前的心理状态。如孩子伴有抑郁症状，建议到医院进行专业心理评估。

我的思考与经验

65. 六年级女生喜欢穿短裙、和男生打闹，有自伤行为和自杀意念

适用对象：班主任、心理老师　　**适用场景**：教室、辅导室

冯荫 回答

> **匿名 提问**：六年级女生，个子很高，喜欢穿很短的裙子，班主任说了她多次，女生总是不停地试探底线，裙子一次比一次长一点儿，但都在膝盖以上。她不喜欢和女生交朋友，喜欢和男生打闹、肢体接触，觉得这样很放松，她认为是关系好才打闹。女生手臂上有很多划痕，跟妈妈吵架的时候就会抓自己，伤害自己。曾产生自杀的念头，但自己遏制住了。寒暑假在家的时间多，更容易和家人发生争执，和妈妈吵架时就会伤害自己。我该怎样辅导这样的女生？

不知你有没有详细了解过这个女生的家庭情况，父母关系、家庭氛围、教养方式等方面具体表现如何？了解这些情况后再与学生会谈，心里就更有底了。

在与个案学生会谈时，先通过积极关注、用心倾听来建立良好的辅导关系。进入摄入性会谈后重点探讨个案的内在需求，比如她的情感需求，是否渴望获得关注，渴望有温暖陪伴等等，引导个案意识化自己内在的需求。在这个过程中可以关注个案的表情、下意识的动作等，然后围绕她手臂上的伤痕表达关心，追问具体发生了什么，重点引导她进一步宣泄负面情绪。

如果个案不愿意说，可以尝试这样回应：看来这是你心中的秘密，等你觉得可以说了再和老师分享。接着利用心理危机访谈的几个步骤最终引导她正视问题，而不是用伤害自己的方式解决具体问题，并做好约定。

通过第一轮会谈调整后续辅导的具体目标，也可以参考相关工具书的指引。底线目标是调整个案认知，转变她对待困境的态度。长线目标是培养个案积极向上的心理品

质。对非自杀性自伤行为访谈的大致结构是：询问个案在发生什么事情时想做伤害自己的行为？自我伤害后的感受是怎样的？事情是不是得到了解决？有没有更好的方法解决？然后普及心理健康知识，引导个案寻求资源来解决问题，珍爱生命。

补充知识点

摄入性会谈是心理咨询师通过与求助者面对面的交谈、口头信息的沟通了解其心理状态的会谈方式。主要是为了了解求助者的客观背景资料、健康状况、工作状况等方面的信息。按照咨询师的技巧看，摄入性会谈主要包括确定会谈的目标、内容与范围，确定提问方式，倾听，控制会谈内容与方向，对会谈内容归类，结束会谈等。

我的思考与经验

66. 初一女生曾被侵犯，有自伤行为

适用对象：心理老师　　**适用场景**：辅导室

翁卓祺 回答

匿名 提问：初一女生，在小学曾被侵犯过，现在一受刺激就割手，手上被割了很多道口子。面对这种情况，心理老师该怎么处理？

这个女生的情况属于创伤范畴。一受刺激就自残，可见她的应激反应非常强烈，情绪也非常痛苦。针对这种情况，我们可以使用创伤的稳定化技术来辅导。

首先，我们需要为她提供一个抱持性空间，共情倾听，引导她用语言表达、宣泄自己的感受。如果痛苦能言语化，转为"躯体化""见诸行动"的可能性就会降低。

其次，我们要向女生传递"这不是你的错"的关键信息，对她进行心理科普教育，对被侵犯这件事进行去污名化。

最后，性侵受害者可能因遭受他人的污名化而自责，还可能因施害者不被惩罚或惩

罚过轻产生愤怒和仇恨的情绪。虽然随着时间推移可能渐渐淡化，但如果当下一时无法承受这样巨大的痛苦，可以先用"安全岛"技术对这部分感受进行封存。

温馨提示：如果心理老师也是女性，请务必做好自我觉察和自我保护，避免"替代性创伤"对自己造成较大的情绪波动。如果超过自己的能力和职责范围，请及时转介到专业的心理咨询机构或医院的心理科／精神科。

补充知识点

1. 躯体化：用身体症状来表达情绪，这是一种原始的、非言语的表达情绪的方式。

2. 见诸行动：将潜意识的冲动付诸实践，以实时的行动去代替记忆，从而避免在内部世界体会到它们。

3. 安全岛：一种让情绪变得可控的自我保护技术。在构建安全岛的练习中，个体可以跟着详细的指导语，构建一个专属于自己的安全地带，从而更深入地缓解焦虑情绪。

4. 替代性创伤：虽然没有亲身经历创伤事件，但因为听闻了足够多创伤经历者的故事，以当事人立场去体会痛苦心境时，极有可能产生同理的痛楚。

我的思考与经验

67. 初二女生因亲子冲突在学校跳楼，如何对班级其他同学进行辅导？

适用对象：班主任、心理老师　　**适用场景**：教室、辅导室

乔翠翠 回答

匿名 提问：初二女生因亲子冲突在学校跳楼，现已转送医院。需要对该班其他同学进行危机干预吗？以什么方式干预比较好？

目睹他人自杀未遂，同班同学必然受到影响。

1. 评估：如果其他同学自身没有严重心理问题、也无其他危机事件，此次事件对本班其他同学的影响限定在"一般心理危机"状态（在此次事件发生前就被心理老师列为重点关注的学生，则应单独评估）。

2. 干预：对于出现一般心理危机的学生，学校给予一般关注。学生的心理问题程度相对较轻，通过一定的心理支持与辅导，基本能很快恢复正常的学习生活。采取班级、年级的二级跟踪关注制度，由班主任与心理教师定期进行辅导沟通，及时发现学生的心理变化。

（1）班主任干预时的注意事项：①对当事人（自杀未遂者）的个人情况保密；②引导其他学生从多角度看待当事人在学校的自杀举动，避免过度恐慌、歪曲理解、偏见、模仿；③不要批判当事人的举动，尝试从心理需求、亲子沟通、心理调适的角度理解当事人；④阻止其他同学、家长对此事发表不实言论，或伤害当事人的言论。

（2）班主任可采取的干预手段：①主题班会——"生命教育""亲子沟通""情绪调适"等；②建立班级"互助小组"——帮助同学们建立自己的社会支持系统，让同学们知道遇到问题该向哪些人或组织求助；③与家长洽谈——给予家庭教育指导。

学校层面，由主管心理工作的领导牵头，心理老师、班主任、班级导师、家委会等联合建立家校合作通道，可结合校内外资源开展多种形式的家长课堂。

我的思考与经验

68. 初一两女生先后自残，担心其他同学效仿

适用对象：班主任、心理老师　　**适用场景**：教室、辅导室

翁卓祺 回答

匿名 提问：最近我们学校初一女生群体中出现了两起自伤自残的行为。其中一位

女生说她平时在家要做很多家务，但她爸爸经常骂她懒、自己却什么都不做，如果她反驳她爸爸就会用皮带打她，她妈妈看到了也不阻拦。她晚上出去凌晨回家父母也不在意，学费和生活费也不按时给，去求着要才会给她。当她自伤后，她爸爸说"死了就干净了"。她感到很无助，实在不知道自己该怎么做。第二位女生割腕后伤势严重，去医院缝了针。同样是家庭原因，父母对她的学习要求很严格，她也很努力，但是成绩一直不好，父母就把她的手机摔了。父母还经常把她和别人家的孩子一起比较，把她攒钱买的课外书都撕了。以前爷爷奶奶和外公在世的时候，还有人爱她，但现在老人家都去世了，她觉得一个人好孤单，生活没有意义。自残后，老师建议她父母带她到专业机构咨询，但父母觉得她平时性格很开朗，不会有心理问题，家人甚至说过"要死就快点死"这样的话。学校已经提醒过家长，并让家长签了《安全责任书》。这两个女生都是同一个班的，自伤行为也是先后出现，我很担心班上其他同学会效仿。我应该怎样帮助她们？如何防止其他同学效仿？

首先，我们聚焦一下问题。感觉这两个女生的事情令你有些困扰。你希望帮助她们的同时，也防止其他同学效仿。那么，让我们从个体和群体两个层面分别讨论一下。

1. 从个体层面。

首先，对这两个女生，我们共情她们的痛苦。根据你提供的信息，她们的行为大概率属于"非自杀性自伤行为"。这样的自伤不以结束生命为目的，更多是为了宣泄情绪、表达痛苦、释放求助信号。

其次，她们最亲近的家人都给她们带来了一些伤害，让她们的社会支持系统受损。我们尽量从资源取向的角度，引导、帮助她们找到其他能支持到她们的资源，如其他亲近的家人和亲戚、老师和朋友、喜欢的偶像、未来的目标等，帮助她们重新点燃希望。

最后，我们要提醒她们：获得帮助的基础是她们停止伤害自己的行为，改用其他更具适应性的情绪表达、宣泄方式，与她们签订个人的《安全承诺协议》、制作安全卡等，同时强调，这并不是学校在推卸责任或抛弃她们，而是和她们一起，努力建立一个关于守护生命的承诺。如果她们表达类似的困惑、感受，也可以充分共情，从中切入工作，强化关系联盟，同时设立边界，告知心理辅导的有限性，学生需要对自己的生命有所承担、有所负责。

2. 从群体层面。

对心理老师而言，这既是一次挑战，也是一次生命教育的机会。我们可以在班上乃至全年级，开展热爱生命的主题心理课或心理班会，引导学生思考这一问题；同时讲授一些自助、助人的知识，避免其他学生可能对这两个女生出现歧视、躲避等污名化行为。

补充知识点

非自杀性自伤行为（NSSI），也称为非自杀型自我伤害，是指个体在没有自杀意图的情况下，故意采取行动直接伤害自己的身体。这种行为通常是为了应对情绪困扰，如压力、焦虑或抑郁，尽管它可能带来短期的情绪缓解，但长期来看，它可能对个体的身心健康产生严重的负面影响。值得注意的是，尽管NSSI本身不包含自杀意图，但它可能是自杀行为的一个风险因素，尤其是当个体频繁从事此类行为时，主要有以下几个方面的特征。

1. 行为特征：NSSI涉及故意的身体伤害，如切割、烧伤或击打自己，且这些行为是蓄意的，没有自杀的意图。

2. 情绪调节：许多从事NSSI的个体报告称，这种行为可以提供一种暂时的情绪缓解，帮助他们应对强烈的负面情绪。

3. 高发人群：青少年和年轻人是NSSI的高发人群，这可能与他们发展中的情绪调节能力、社会压力和身份认同问题有关。

4. 风险因素：NSSI可能与多种风险因素有关，包括心理健康问题（如抑郁症、焦虑症、边缘型人格障碍）、创伤经历、家庭问题和社交压力。

研究表明，寻求心理健康专业人士的帮助对于处理NSSI行为至关重要，因为它可以帮助个体学习更健康的应对机制，并解决潜在的心理问题。

可以从以下几个方面预防和干预非自杀性自伤行为。

1. 早期识别：家长、教育工作者和医疗专业人员应该对NSSI的迹象保持警觉，以便及早识别并提供支持。

2. 非评判性支持：提供一个安全、非评判性的环境，让个体能够开放地讨论他们的感受和行为。

3. 专业干预：心理健康服务提供者可以运用认知行为疗法、辩证行为疗法等方法帮助个体学习更健康的应对策略。

4. 社会支持：增强社会支持网络，包括家庭、朋友和社区资源，对于预防NSSI和促进恢复至关重要。

我的思考与经验

69. 初一学生出现危机行为，心理老师与班主任的处理意见不一致

适用对象：班主任、心理老师　　**适用场景**：辅导室、教室

乔翠翠 回答

匿名 提问：初一女生因家庭问题，开学心理筛查的结果为预警状态。上学期我曾给她做过多次咨询，也见过她的家长，后来，她因恋爱关系被班主任和其他老师发现，曾一度尝试自杀但未遂，随后学校老师紧急干预后，她在家休整一段时间。这学期因家庭人际问题，她在家吞药，又触发紧急干预。后续去医院复查时，医生建议并作出了较轻症状的诊断"青少年情绪障碍"，她就回来学校了。班主任让该生来我这评估过多次，导致该生学会伪装避开评估。这学期复学后，她又因恋爱、家庭等问题再次出现自伤行为。班主任认为女生和涉事男生违反了校规，应当让他们两个停课，并想调出监控记录给他们看，担心如果不处理，其他学生可能会效仿。我对这两位学生的情况较为了解，担心班主任的做法可能促使女生产生自杀念头，我已向班主任说明了可能的后果，但他还是决定要公开监控录像。我的问题是：①是否可以与班主任讨论监控录像的公开是否妥当？如果班主任坚持己见，作为心理老师应如何应对？②对于学生的恋爱问题，心理老师是否有权完全禁止咨询中的学生终止恋爱关系？（我曾尝试引导她思考恋爱的本质）③如果学生因为班主任公开监控录像后而选择自杀，心理老师应如何保护自己？

　　从您的描述来看情况确实不乐观。医生在诊断书上未明确写出，而是使用了"青少年情绪障碍"的表述，给学校的心理老师和班主任带来了处理这件事的困难。而班主

任则认为学生的行为已经违纪，需要停课处理，并担心如果不处理，其他学生可能会效仿。这是将心理问题德育化处理。建议你在学校心理危机干预小组的框架下，共同处理该生的危机情况。

首先，班主任现在拿出监控记录非常不合适，建议您向上级主管领导汇报相关情况。如果您手头有该生的情况说明材料，拿着材料去沟通。同时：①整理好该生"一生一案"的相关材料，并做好存档；②紧急叫停班主任的莽撞行为后，尽量安抚班主任的情绪。不要让班主任觉得自己的权威被挑战，或者觉得您不尊重她，也避免加剧她们的师生矛盾；③保留跟班主任沟通的记录。

其次，看起来这个学生的主要问题在于人际关系方面，问题的根源很可能在家庭，该生是用恋爱关系来弥补亲子关系方面的空缺，是可以理解的心理需求。老师此时应该疏导，而非堵塞。

最后，对于该生的后续辅导，一方面建议该生继续求医，另一方面，您在学校对该生的辅导可以参考人际关系疗法的做法和理念，也可以做小组辅导。

根据人际心理理论（Interpersonal Psychological Theory of Suicide），感知到的负担（perceived burdensomeness）和被阻挠的归属感（thwarted belongingness）是导致自杀意念的两个主要因素。因此，治疗的目标应该是减少这些负面感受，并增强她的归属感。人际关系疗法的解决思路如下：

（1）建立信任和安全感。由于该学生之前在学校和家庭环境中遇到过多次干预，她可能已经形成了一种防御机制，即在面对评估时学会伪装。因此，咨询师需要通过一系列的建立信任和安全感的措施，如保持隐私、提供一个非评判性的环境，让她感到被接纳和理解，从而逐步消除她的防御机制。

（2）改善人际关系。根据研究，班级内进行的人际关系干预可以有效改善学生的人际关系。咨询师可以组织一些小组活动或角色扮演游戏，帮助她学习如何更好地与他人交流和解决冲突，同时也能提高她的社交技能。

（3）情绪管理和认知重构。运用合理情绪疗法和认知行为疗法，帮助她识别和改变不合理的情绪反应和认知模式。例如，通过挑战她的负面思维，引导她形成更加积极和现实的看法，从而减轻她的情绪压力。

（4）家访。鉴于家庭问题是导致该学生问题行为的一个重要因素，基于Peplau人际关系模式的家庭访视可以有效提高患者的治疗依从性和改善其对疾病的认知。咨询师可以与家长合作，提供专业的指导和建议，帮助家庭成员之间建立更健康的人际关系。

（5）持续跟踪和支持。考虑到该学生已经有过多次自伤行为，可以定期安排复查沟通，评估治疗效果，并根据需要调整跟进计划。同时，也可以提供紧急联系方式，以便在出现危险信号时能够及时介入。

同行补充

乔翠翠： 作为心理老师，您提到感到身心力竭，这是首先要关注的问题。只有你有能力，也有时间做好自我关怀，才能更好地帮到学生。至于你所担心的，如果学生因此而选择自杀的话，心理老师该如何自我保护，有三点建议给你：

1. 做好各种沟通记录的存档。确保所有咨询、会议沟通和干预都有详细的记录，包括您给班主任和学校领导提供的建议和警告。

2. 提前告知法律风险。如果涉及到学生自杀行为导致的法律责任问题，要及时建议学校尽早咨询法律专家，确保应对得当。

3. 自我关怀。在处理高风险案例时，心理老师也需要关注自己的心理健康，必要时寻求同行支持和专业督导，以处理可能的自我责备和情绪压力。

补充知识点

心理医生为什么不敢把病证写在未成年人的诊断书上？

青少年情绪障碍是一个包含多种情绪问题的广泛术语，可以包括多种情绪问题，如焦虑、抑郁等。临床上，心理医生在疾病诊断书里写的诊断，常用这个术语代替描述其他更具体、症状更严重的心理疾病，这是为什么？医生不够专业还是害怕承担责任？我猜都不是。很多心理医生面对未成年人的心理疾病时，都在尽量避免明确诊断，提倡"去诊断化"。

第一，这是临床上普遍的一种发展性的眼光和思维，因为未成年人的人格发展尚不成熟，还不太稳定的荷尔蒙与还未发育好的前额叶，让青少年的情绪反复波动成为常态，所以未成年人的心理疾病往往需要长期观察。

第二，心理疾病的发作并不是一次性暴露全部症状，所以短时间内给出一个特别明确的诊断结果并不是最优做法，甚至会影响后续的诊断和治疗。

第三，未成年人的心智不成熟，受暗示性较强，当医生给出明确的诊断，而未成年人又不能正确认识的时候，就会给自己贴一个负面的标签，因此觉得自己是"小辣鸡"（"小垃圾"的谐音）"小飞舞"（"小废物"的谐音），若其本人和家人不知如何调节，会导致更严重的问题。

我的思考与经验

70. 初一学生有自杀意念和自伤行为，母亲不同意就诊

适用对象：心理老师、班主任　　**适用场景**：辅导室、家庭

李宁 回答

> **匿名 提问**：一个初一女生主动找我咨询，上初中前有自残行为，情绪非常不稳定，非常自卑，总觉得自己是多余的，有过多次寻死的想法。学生自己想去看心理医生，但是她母亲不愿意。我也跟她母亲沟通过，表示心理老师能力有限，没有确诊资格，怕会耽误学生的病情。但是她母亲还是不太愿意，认为我给她做辅导就可以了。遇到这种情况我该怎么办？

学生出现自杀意念时，需要进一步了解孩子在家的情绪、睡眠和饮食状态，跟家长沟通目前孩子的危机等级，做好告知，确认母亲不想带孩子就诊的原因。之后分情况工作，比如是因为病耻感，担心孩子自己贴标签，担心孩子在学校被他人歧视，担心孩子的信息会计入档案而影响升学就业，担心用药会有依赖，还是有其他原因。

如果是病耻感的问题，可以对家长做进一步的心理健康宣教，引导其充分认识到个体的情绪状况受生理、心理、社会三个方面的影响，很多人不愿意求助，认为自己有心理问题是很羞耻的事；这位家长可能会认为孩子的问题只是闹情绪，情况还没严重到要看精神科的地步；也很可能是担心周围的人对自己的看法，认为自己没有能力解决孩子的问题等等。其实求助于专业人员既不等于有病，也不等于病情严重；相反，往往是心理比较健康的人更能积极求助，他们更勇于面对问题，主动做出改变，对未来有更乐观

的态度。积极求助本身就是一种能力，也是负责任、关爱自己、有智慧的表现。如果回避问题的存在，后续孩子可能走向自毁，要向家长说明就医的必要性。

如果是担心孩子自己给自己贴标签，可以告知家长，就贴标签的问题，可以由心理咨询师跟孩子开展进一步工作，比如激活孩子改变的动力等等。

如果是担心孩子在学校被他人歧视，可以再次告知家长保密原则及最小限度突破的范围和方式，比如只在校内针对该生组成危机干预团队，只有孩子出现危险性行为、特殊情绪表现时才会突破，毕竟生命权高于隐私权。回应家长因担心孩子的信息会记入档案该如何应对。

如果担心药物有依赖，可以鼓励家长与医生积极联络，反馈自己的担心，并由医生提供解决办法。心理老师可以在沟通过程中灌注希望，类似情况的学生，后续情绪行为改善的也有很多。

最后，也要明确告知家长学校心理咨询的局限性，该问题已经超出了学校心理老师职责范畴。

此外，在评估前，依然需要明确告知学生保密例外的情况，如果学生有明确的自杀计划、自杀尝试，在心理老师协助学生做安全计划的同时，更需要明确告知学校做好校内安全监护，并由校领导启动学校危机预警机制，跟监护人共同做好安全监护及转介工作。

补充知识点

病耻感：是指因自己患有心理疾病而产生的羞耻感。社会给有心理问题的人打上了一个变态、不正常的烙印，然后被降格成低人一等的存在。患者自己似乎也接受了这种设定，认为自己得了病很丢人。

我的思考与经验

71. 初二女生因别的女生和自己心仪的男生亲近，就生气打人、自伤

适用对象： 心理老师、班主任　　**适用场景：** 教室、辅导室

李宁 回答

匿名 提问： 初二女生因为班里有个女生跟自己心仪的男生说话，关系亲近，非常生气，还打了那个女生。晚上她划伤自己的手腕，划了数条，但伤口不深。作为心理老师该怎样辅导这个女生？

发现孩子有自伤行为，需要立刻启动学校的危机预警机制，并进行二次评估，在评估之前需要和学生签署《保密协议》，并跟孩子共同讨论保密例外的情况。评估时可以采用徐凯文版本的自杀自伤评估表，结合既往史、情绪、睡眠、自伤自杀伤害他人的消极意念、计划和行为、社会支持和现实压力源等信息，综合评定后，再通过家校联席会议，一同告知监护人，同时建议安排转介，就医后要及时报备学校。家长需要尽快带孩子去精神专科医院就诊，让精神科医生对其精神状况及自杀风险进行专业评估，明确诊断及治疗方案，并且积极随访。

自伤行为在青少年中有一定的发生率，且出现自伤行为的青少年日后发生自杀的风险较高，严重影响着青少年的身心健康。但并非所有自伤行为都出于自我毁灭的动机，它们也可能出于"自我探寻"的意愿。人在青春期（12~20岁）需要解决同一性危机（identity crisis），如果青少年能在该阶段逐渐形成人生观与价值观、确立职业理想、了解自我，就能顺利解决危机，实现同一性整合（identity synthesis）；反之，则将处于同一性混乱（identity confusion）的状态，难以作出坚定的人生抉择。埃里克森将极端的同一性混乱称为同一性迷失（identity diffusion），同一性迷失的个体处于分崩离析的状态，感到极度空虚、难以体验幸福感。同一性迷失给人带来两大负面影响：自我感的丧失与强烈的情绪困扰。丧失自我感者由于不知如何通过内在线索定义自我（如"我是一个善良的人"），只能通过外在线索定义自我。个别丧失自我感者甚至会用自残行为来进行自我定义（如"我是一个自残者"），通过肉眼可见的伤痕，他们暂时了解了自己。而遭遇情绪困扰的人则有可能通过自我伤害以缓解情绪困扰。除了自我探寻，通过自伤来管理情绪，青少年还通过自伤惩罚自我、表达自我（如"我想通过自伤告诉别人

我到底有多痛苦"）、对他人施加影响（如"我想利用自伤行为迫使别人做我想让他们做的事"）、惩罚他人（如"我想通过自伤行为让别人愤怒或羞愧"）。

青少年企图用伤害自己的方式引起他人的重视，从而重新获得重要他人的关注和喜爱，满足自己的归属需要，或以此为要挟和他人谈条件，来逃避自己不愿承担的责任和不愿面对的情境。

对有自残自虐行为的青少年进行诱因分析时发现："家庭因素占32.24%，仅低于社会综合因素的38.80%"，这与父母的教养方式有很大的关系。当然，还有很多其他的原因，这里仅提供了一些参考。希望对你理解这种行为有所启发。

同行补充

陈银欢：该生存在自伤和攻击行为可列入预警学生范畴，作为心理老师为预警学生提供以下支持。

1. 开展心理评估。开展心理辅导前，心理老师可以与班主任、科任老师、生活老师和该生的亲密同伴等尽量了解该生过往的信息，包括是否有看过心理医生和服用药物，划伤自己手腕行为的次数等等。假如确定该生有自伤行为但无自杀伤企图，那么该生自伤行为属于"非自杀性自伤"。

2. 向学校主管部门汇报学生情况。心理老师根据班主任和科任老师日常观察，结合心理评估情况汇总资料向学校主管部门汇报学生心理情况，如自杀风险评估在中等以上，学校需召开危机个案联席会议。

3. 与班主任沟通并协同工作。班主任注意事发后的班级舆论引导，该生可能存在自我谴责或遭到班级学生批评，班主任需教育班级学生开展友好异性交往，密切留意该生心理动态。

4. 与家长沟通。心理老师和班主任分析学生的心理状况后，向家长提供家庭教育及青春期亲子沟通方面的指导。跟该生家庭沟通时关注在家安全（如容易接触利器，独自在家没人监管等），加强家长的风险意识，提高家长对青春期孩子情绪的认知和接纳。

如有必要及时转介。如评估情况有自杀想法和行为，须建议家长及时带孩子找专业心理医生就诊。心理老师做好转介和跟踪工作。

我的思考与经验

72. 初二学生常产生幻觉，有自杀倾向，有诊断但家长不告知

适用对象：班主任、心理老师　　**适用场景**：辅导室

闫芳 回答

> **匿名 提问**：一个初二学生自述常产生幻觉，有自杀倾向，家长带孩子去医院做了相关检查。班主任向家长询问心理医生的诊断结果，但家长不愿告知具体诊断意见，只发了一些相关表格。有个别表格（阳性症状量表SAPS，社会功能缺陷筛查表SDSS）我也看不懂，不知道如何判断孩子的病情，想请各位老师帮忙解析，以及接下来我们该如何开展工作？目前学生不愿意回学校，想在家休养几天，但该生的父亲比较强势，强硬要求他返校。

SAPS和SDSS这两个问卷主要用于已经出现精神症状反应的有较清晰自我觉察的成年人，尤其是SDSS，主要评价患者在家庭和社会的社会功能情况，通常很少用于未成年人。

个人觉得心理老师应该牵头建立问题学生转介处理机制，并纳入学校规章制度，所有的问题学生统一按照此流程进行转介处理，而不是直接对量表的诊断下定论。

转介机制应明确几点：①当学生出现病理表征或有医院出具的病理诊断时，需要转介到有资质的心理机构去诊断治疗。②转介前心理老师应出具转介建议书，家长签字，并明确其责任。③返校复课应出具有资质的心理机构的返校复课证明，证明学生可以正常参与学校的学习生活，否则不能返校复课。一般复学时也要和家长签订《在校安全协议书》。④整个过程中，心理老师或班主任需做好定期追踪工作，每周或每两周回访学生情况，直至学生毕业或完全康复。

这个转介机制一定要先争得学校领导的同意和支持，同时要在班主任会上公布或给班主任做培训，让所有班主任了解问题学生的处理流程，协助心理老师和家长沟通。问

题学生的第一责任人是班主任，心理老师要取得班主任的支持和帮助，情况严重时要报告学校领导，必要时请学校领导和家长交涉。

同行补充

刘冰（高中专职心理教师、华中师范大学心理学硕士、国家二级心理咨询师、区教研室成员）：建议心理老师与班主任一起，先与该生的父亲进行沟通。沟通过程中要让家长感受到学校对学生的关心，不要让家长产生学校推脱责任的误解；要理解与接纳家长对孩子担心的情绪，向家长介绍有关自杀及精神病的知识，消除家长对精神疾病的恐惧；说服家长尊重专业的诊断和治疗建议。学生返校后，班主任应全面深入地了解孩子的状况，安排周围同学继续密切关注该生，了解其生活和学习上的困难，对其提供实际的帮助；为该生提供感情支持和关怀，缓解其负面情绪，将心理危机消灭在萌芽状态。当上述措施不能改善该生的消极状态时，应及时向学校领导汇报。

我的思考与经验

---

73. 初二学生重度抑郁，有双相情感障碍，没继续治疗，失控会自残

适用对象：班主任、心理老师　　**适用场景**：教室、辅导室

林红丽 回答

匿名 提问：我是新入职的心理老师，实操经验为零。在学校组织的心理健康排查工作中，初二年级排查出两个有严重心理危机的学生，且在同一个班级。今天主要向您描述其中一个学生的问题，并求助该如何辅导。该生初一时在医院检查出重度抑郁和双相情感障碍。前段时间我和班主任共同做家长工作，按照我们县城医院医生的建议，希望家长带孩子去省会医院复诊治疗，家长和学生沟通后同意采纳医生建议，这周复诊回

来，医生建议是吃药治疗，可以在校学习。学生家里的经济条件不是很好，学生的哥哥（学生本人和哥哥关系还可以）觉得弟弟主要是思想问题，家长认可哥哥的意见给孩子停了药，还把之前在县医院拿的药也扔掉了。学生本人觉得吃药后情况并没有好转，反而更难受了，情绪控制不住时会有自残行为，会用指甲抓手、咬手等。我已经建立了学生档案，但是没有跟学生家长签署承诺书等。目前我感到很迷茫，不知道如何处理。

看到你描述的这个案例，为你所做的工作点赞，心理危机筛查和评估工作做得很用心。在学校心理健康工作中，会遇到危机学生家长不愿意带孩子去医院的，也有你所说的需要服药但担心副作用或其他原因（如你说的经济原因等）没有遵医嘱的，或医生建议不能到校上课但依旧坚持来学校的……对于这些不配合不合作的案例，我们可以进行多方会谈。

多方会谈参与的人员包括分管领导、教务处主任、年段长、家长、班主任和心理老师等。此外，在和家长沟通前，学校参与人员要先开会交流，商议家校沟通的框架，做到思路保持一致，然后由学生处牵头进行多方会谈。

会谈流程：

1. 请家长回忆并描述孩子在家的表现和情况。

2. 心理老师从专业角度详细说明学生当前的心理状况、行为表现以及存在严重心理问题的可能性，可向家长普及心理疾病的科学知识，告知家长该生的特殊情况已超出学校心理辅导的范围，需尽快转介到专业医疗机构进行诊断和治疗，并强调早诊断早治疗的必要性和获益性。

3. 班主任将学生在校的具体表现向家长做客观全面的反馈，先反馈积极信息，再反馈消极信息。

4. 学生处领导强调身心健康的重要性，表达家校合作共同为孩子的心理健康成长努力的意愿，承诺不会因为心理问题开除或者歧视学生。

5. 向家长发放《学生心理状况告知书》，请家长签字留存，如家长需要，发放《各地专业心理咨询与医疗机构一览表》。

6. 和家长签署《安全承诺书》，如果家长不愿意签署，可以对多方会谈过程进行录音并保存。

此外，对于多方会谈后仍不愿意配合的学生和家长，学校可邀请校外心理专家或医生来校参加多方会谈。必要时，可邀请其居住地社区、妇联、关工委等参与劝导工作。对于学生所做的工作和辅导，要做好详细记录。

对于学校危机工作，建议还是要成立危机干预小组，在学校干预小组的基础上，你作为专业人士可以提供专业支持和建议，更多的工作和问题需要整个危机干预小组一起讨论面对处理，这样个人的压力可以小一些。

推荐阅读书籍：浙江版《浙江省中小学校园心理危机干预指导手册》和广东版的《广东省中小学心理危机干预手册》。

我的思考与经验

74. 初一女生有自残行为，初步评估为轻度抑郁

适用对象：班主任、心理老师　　　适用场景：辅导室

陈银欢 回答

匿名 提问：有个初一女生主动来找我咨询。目前了解到的情况是该女生的父母从她上六年级开始就在闹离婚，那时候她已经求助过心理老师，一说到家里的情况就会流泪。现在她父母分开后各自有了新对象，女生和爸爸一起生活，但她非常讨厌爸爸，不喜欢和他沟通，已经有一年多没见过妈妈。她的自残行为在上六年级时出现，最近也有自残行为，用美工刀割自己的手臂，说这样能让自己不哭（女生经常会不自主地流眼泪，问她在想什么，她说不知道，在学校时情绪会稳定一些）。我让她填写了《抑郁倾向自评量表》，测评为轻度抑郁，并约她每周来咨询一次。咨询过后，我把女生的情况告知了学校领导，领导也通知了她的父母。我是一名新入职的心理老师，在辅导时遇到不知道怎么询问下去的情况（因为咨询时都是我问她，她才说话），望老师能指导一下，接下来我应该怎么处理比较好，下次咨询时我应该从哪个方向入手？

该生存在非自杀性自伤行为，你初步评估为轻度抑郁，属于三级预警学生（即已经出现或疑似出现心理危机的学生，既往心理疾病诊疗史有过自伤自杀行为等），应立即启动学校心理危机预警方案，联合学校各方力量共同协助该生渡过心理难关。

首先，从学校层面来说可以做以下工作。第一，上报给学校主管领导，启动学校心理预警制度，明确校长、德育主任、班主任、心理老师和科任老师的职责和任务。第二，及时转介，协助该生家长尽快联系专业心理医院做进一步心理诊断和治疗，心理老师和班主任做好家长引导和心理教育工作，避免出现看心理医生导致的污名情况。第三，该生属于心理预警学生，属于高危人群，需要校长或分管副校长、心理老师、班主任、家长等人召开联席会，共同分析商讨，根据具体情况"一生一案"针对性采取专业干预措施。

其次，作为心理老师，可以根据危机干预六步法制定干预方案。①界定问题。②确保当事人安全。③提供支持。④诊察可供选择的方案。⑤制订计划（当事人能够理解的、具有可行性的、具体而明确的行动步骤）。⑥获得承诺（通过角色扮演、言语复述、概述计划等，对当事人进行检验并索取其行动保证）。

参考《广东省中小学心理危机干预手册》：①建立关系，表达关心。可以说出你的观察，并请学生分享更多她现在的处境，如：我注意到你最近闷闷不乐，与人倾谈对你有帮助，我最近注意到你上课时一脸疲倦，我想知道你一切可好？②利用开放式提问，让学生多讲述自己的处境。你可以慰问健康和日常情况，如：你最近睡得好吗？胃口如何？③了解学生的自杀动机。学生自杀行为背后可能有不同的动机，如希望终止或逃避痛苦等。④对讲述个人问题的难处表示理解。有时候学生可能仍未做好倾诉的准备。除非你注意到学生有实时危机（根据初步评估的结果），否则可以告诉学生即使她当下不想讨论问题也无须介怀。你可以重申自己关心对方，并告诉他可以在什么时间和地点寻求支持等。

我的思考与经验

---

75. 初中学生行为怪异，评估为重度抑郁，有自杀倾向

适用对象：班主任、心理老师　　　**适用场景**：讲座、辅导室

林红丽 回答

> **匿名提问**：老师们好，我是新入职的初中心理老师。今天有一个女生来咨询室，是班主任让她来的。这个女生上周在教室用刀割伤手腕，事后班主任和她谈话了解情况，女生说没有什么，什么事都没有。昨天下大雨，女生在第一节课时突然跑到雨中淋雨、转圈，并大哭，拉她也不回来，第二节课时恢复正常，还问班主任可不可以叫家长送干爽的鞋子过来。班主任问她为什么要去淋雨，女生的回答也很敷衍。女生在咨询室什么话也不说，做了抑郁自评量表，评估是重度抑郁。今天有同学说这个女生又在玩刀片，还说自己的愿望是去死，问同学零食袋里的干燥剂可不可以吃。我应该如何对她进行干预？

首先，可以用徐凯文老师设计的自杀自伤评估表和《浙江省中小学校园心理危机干预指导手册》附录3-2中的中小学生心理评估访谈提纲记录表，了解她的自杀意念、计划和行为等，做进一步评估。

根据你的描述，孩子的问题可能比较严重，需要上报校领导，组织家长多方会谈，告知家长学生的情况，给家长普及心理健康知识，让家长接纳孩子的问题，给予孩子积极的帮助和心理支持；告知家长孩子心理危机情况及可能发生的危机，建议其接受专业机构诊断。同时建议孩子参加心理辅导，做好辅助咨询。

学校要安排德育导师和科任老师特别关注孩子的情绪状态，做定期沟通交流。班主任要针对孩子的情况，多和孩子一对一沟通和交流，耐心倾听和引导，疏导孩子的情绪；了解孩子的情况，接纳孩子的情绪，增强她对学校生活的向往，提高她对校园生活的积极性。在班会及班级活动中渗透生命教育，激发她内心对生命的敬畏和对他人的信任。多举行班会课及组织学生参与集体活动，让她切身体会到爱与被需要。

最后，跟踪孩子情况。根据孩子在医院的诊断和医生建议，确定是否适合在学校学习。学校心理危机干预小组要做好学生在校期间的全程动态管理。学校评估小组组织所有任课老师一起开会，了解学生的情况，建议老师给孩子提供更多的关怀和各种心理支持。心理老师进行跟踪辅导，给予支持。

同行补充

赵霞（上海某九年一贯制学校专职心理老师）：班主任可以安排两位可靠的学生悄悄关注她，需要时给予一些关心或及时跟老师汇报让人担心的状况，就像是老师的"小眼线"给予配合。

补充知识点

家长多方会谈：多方会谈参与的人员包括分管领导、教务处主任、年段长、家长、班主任和心理老师等。此外，在和家长沟通前，学校参与人员要先开会交流，商议和家校沟通的框架，做到思路保持一致，然后由学生处牵头进行多方会谈。

我的思考与经验

76. 两名初一女生自残，性格压抑，感觉不到生命的意义

适用对象：心理老师　　**适用场景**：辅导室

黄珊珊 回答

中学专职心理教师、硕士、国家二级心理咨询师、中山市优秀教师，曾获广东省第三届中小学心理教师专业能力大赛一等奖。

匿名 提问：我是一名中学专职心理老师，近期两名初一女生前来咨询，都有割手腕等自残行为，甚至感觉不到生命的意义，想跳楼。两个女生均反映家庭有问题，A女生的父母对她施加很大压力，父亲对她有暴力行为，母亲言语辱骂，无课余生活，近期想辍学、逃课；B女生从小与亲生父母分离，由奶奶抚养长大，近期常常情绪暴躁，与家人疏远。班主任也前来和我沟通，描述两位同学在班级里性格压抑，总戴着口罩，形影不离，与老师沟通困难，甚至其自残行为影响到其他同学，有模仿倾向。B女生与班主任通过聊天软件保持联系，网上交流时显得性格开放外向，与现实状态不一致。目前

两位同学一起咨询过两次，做过一次沙盘游戏。提问：①该采取什么干预方式引导两位同学？②如何改变两位同学的现状？

您提供的信息中，有几点是需要引起重视并慎重考虑的。

1. A、B两位同学之间的相互影响，既可以是正向作用也可以是负面影响。青春期学生的自残行为本身就存在一定的模仿性，从目前来看，两人的情绪和行为可能给彼此带来的是负面影响，甚至两人一起给班级其他同学也带来了影响。有必要对这两位同学进行分别辅导，可能有助于你了解到她们更多更深入的想法。初一孩子非常需要同伴的陪伴和认可，最好个体辅导和共同辅导轮换进行。两个人一起时注重彼此间的积极影响，可以先处理两个人形影不离、总是戴着口罩的问题。

2. 关于A和B两位同学的个体辅导，要注意了解其行为和情绪持续的时间长度、社会支持系统情况，以及对社会功能的影响，要注意运用多方力量和资源，很可能不是心理老师一个人能完成的工作，必要时要评估是否需要转介。作为心理老师，要和班主任、学校领导一起了解孩子的家庭情况，比如A同学父亲的暴力行为，约谈家长或家访，引起家长的重视和配合。B同学仍然愿意与班主任沟通，在线上愿意吐露心事，这些都可以好好地利用。班主任和孩子的信任关系一旦建立起来，则更有助于帮助孩子。

3. 发挥班级其他同学的助力作用。两个孩子很可能觉得自己比较另类，和别的同学不一样，也能感受到同学们的排斥。班主任可以挑选班里比较容易相处的同学，借助小组活动给她们提供相互了解的机会。

4. 初一的孩子其实还是比较单纯的。在辅导中，您可以和孩子们商定一起成长的方法，比如如何应对自残问题，如何找到替代方法等。

同行补充

王雅：考虑到两名女生出现的自伤情况，我们应进行长期跟踪，并建立完善的心理档案。为了确保她们可以得到全面专业的支持和帮助，我们应与家庭、学校和医院各方紧密合作，共同制订个性化的辅导计划，定期进行评估和调整，以确保计划的有效性，为这两名女生提供更好的心理支持和帮助。

补充知识点

生命意义感：是一个人对自身生命存在的目的、价值和意义的深入理解和思考，涵盖了个人对自己存在的价值和追求自我成长的探索。一般来说，生命意义较高的个体心理健康水平也较高，生命意义感低的个体，他们可能会感到内心空虚，甚至会出现自伤、自杀的情况。

我的思考与经验

77. 和母亲发生冲突，心理测评显示中重度的初三女生，且有自残自伤倾向，该如何处理？

适用对象：班主任、心理老师　　**适用场景**：讲座、辅导室

乔翠翠 回答

> 匿名提问：我是一名新入职的初中心理老师，因为假期的原因，无法进行线下辅导，有一位初三的学生在QQ上寻求我的帮助，说她感到很失望，还咬伤了自己。之前她的心理量表测评结果是中重度，她有自残行为，并且告诉我曾经想从窗户跳下去。她一直要求我不要将她的情况告诉父母。目前这种情况我是不是应该告诉家长孩子的真实情况？并和班主任及时沟通？

　　根据您提供的信息，该生已出现自伤行为且有明确的自杀意向，按照学校心理危机干预工作流程，可以考虑纳入"三级预警/重度心理危机"名单，这是在学校心理危机干预工作中要给予最高关注度的人员。这是处理该生的问题时应该做的第一个判断。

　　其次，该生出现自伤行为和明确的自杀意向，按照心理咨询的保密原则，该生的情况应该突破保密限制。这是处理该生的问题时应该做的第二个判断。

　　接下来的工作，可以按照贵校的心理危机干预方案的规定流程来处理，若目前尚无固定流程，我的建议是：

1. 向学生说明她的情况属于保密例外，需要告知班主任，并向德育处、主管德育的副校长报备，跟学生强调"告知家长的目的是让他们了解你的感受，进而更好地跟你沟通、相处"。然后立即这么做！

2. 邀请该生的家长来校面谈，收集更全面的信息（并核对该生主述问题是否属实），告知安全陪护（确保孩子安全，避免独自外出或留守在家，将其房间的锋利物品等移出），同时适当给予家庭教育的建议。与家长讨论"如果孩子的问题进一步加重，去哪些医院/机构寻求更加专业的心理治疗"。注意：您作为学校心理老师，最好不要推荐校外的收费机构，可以推荐公立医院，或介绍擅长此类课题的治疗师/专家。

3. 建议该生就医，拿到诊断书后，遵医嘱治疗。

4. 与该生、家长一起讨论接下来学校心理老师可以提供的帮助。若该生可以继续上学，确认除了为该生提供个体辅导之外，是否需要针对家长的个体辅导或家庭辅导。若该生请假，心理老师一周与其电联一次了解情况，学生需要时可以在家长的陪同下返校进行心理辅导。

5. 与家长签订《情况告知书》，向家长说明"这是为了留存资料，引起重视，无责任归属作用"，降低家长防御性（事实上，此类《告知书》无法律效力）。

6. 做好纸质记录，建立该生的"心理档案"。内容包括但不限于：心理测验结果、个体辅导记录、家长沟通记录表、情况告知书，医院诊断结果（若有）。

📝 补充知识点

1. 学校心理危机状态评估

一般学校心理危机状态有三个等级，由轻到重分别为一般心理危机、严重心理危机和重大心理危机，简约版评估方式如下图所示：

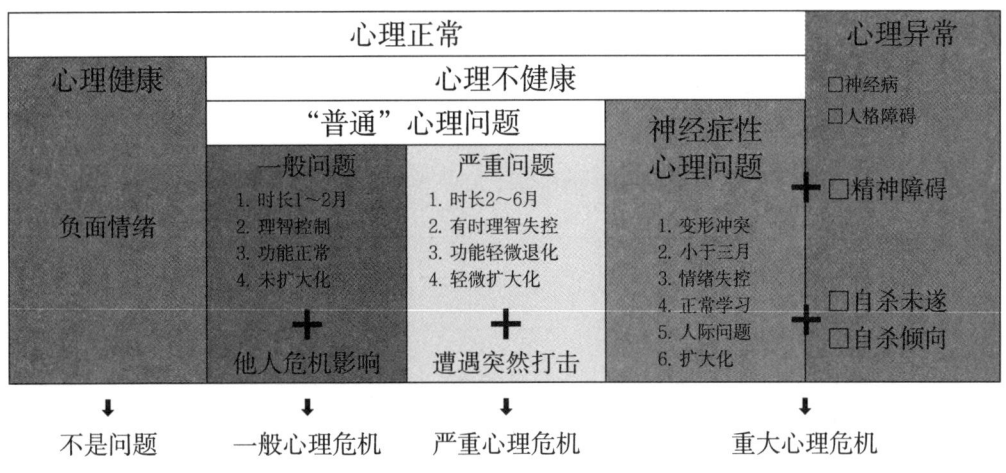

学校心理危机状态评估

2. 出现自杀征兆学生的干预流程

参照广东省危机干预指导性文件，出现自杀征兆学生的一般干预流程包含以下步骤：

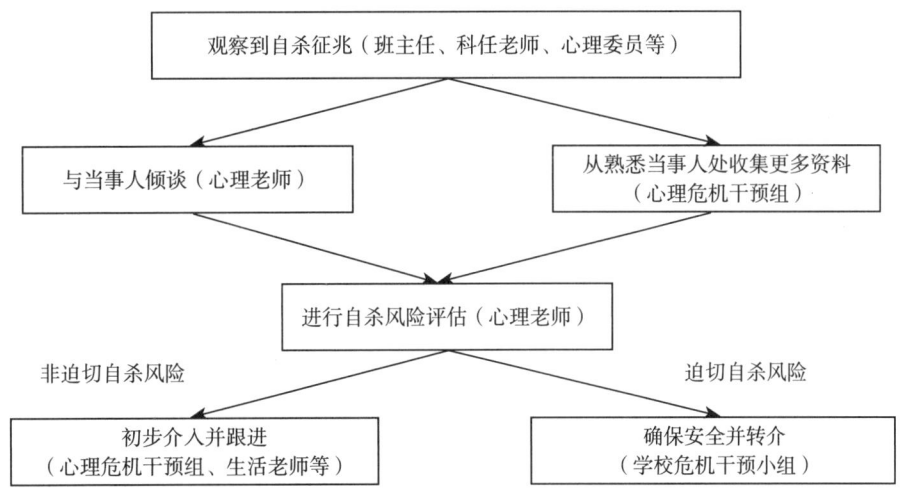

出现自杀征兆学生的干预流程图

我的思考与经验

78. 高一女生曾割腕，现突然写纸条给同桌留言"自杀言论"，该如何处理？

适用对象：心理老师　　　**适用场景**：辅导室

闫芳 回答

匿名 提问：高一住宿女生曾经有过自残行为（割腕），最近突然写纸条告诉同桌不用担心，谁都阻止不了她去死。她晚上回到宿舍以后就躲在厕所里不肯出来。老师和同桌问她为什么会这样，她就反复说她没事，让老师回去休息，老师回去她就睡觉了，拒绝谈话。对这样的女生我们心理老师该怎样做？

女生的行为已经属于危机情况，应该启动危机干预措施。

首先，在那个情境当下，心理老师需要安抚学生情绪，确保学生不出现自伤自残的情况。保证学生安全是危机干预的第一原则。同时请其他老师在第一时间联系班主任、家长和分管领导。

在家长来学校前确保学生身边有人陪伴，家长来校后和家长签订《安全责任协议书》，叮嘱家长关注孩子情绪状态和异常行为。

家长将孩子带回家后，心理老师应持续跟进和关注学生情况。如果学生愿意交流，我们需要了解学生情绪失控的原因。如果学生不愿意交流，一定要叮嘱家长时刻陪伴直到学生情绪状态转好。如果持续恶化，可联系当地心理援助中心或到有资质的专业机构请求专业帮助。

学生情绪状态转好后，凭专业心理机构出具的心理状态评估结果和返校复课证明，方可返校。心理老师需持续关注学生情绪状态，如果学生有咨询的意愿，可定期进行咨询。如果学生没有咨询的意愿，我们也要至少每周和班主任沟通一次学生的情况。

心理老师要注意随时记录学生的情况，及时向领导汇报。

危机干预是个系统工程，需要学校、家长、医院多方面力量的共同助力。学生的恢复过程也是需要时间和耐心的，任重而道远。

同行补充

刘冰（高中专职心理教师、华中师范大学心理学硕士、国家二级心理咨询师、区教研室成员）：针对危机个案，不要一个人处理，应该寻求多方的支持。与危机个案进行咨询时，在保证其生命安全的前提下，我们可以跟她讨论自我帮助的方式。当她情绪崩溃时，可以用什么方式进行自我调节？比如弹奏乐器或写字、画画等。不管女生在学校还是家中，至少安排1～2个紧急联系人，当她有强烈的自杀想法时，可以保证身边有人及时陪伴。

我的思考与经验

79. 高一学生上课割腕自伤后已休学，复课后是否建议走读？

适用对象：心理老师　　**适用场景**：辅导室

王雅 回答

匿名 提问：高一学生，入学一个多月，最近在上课时割腕自伤。同学发现后告知老师，班主任联系了家长，学生被家长带回家休息。学生回家后，级长说等学生返校后让我给学生做辅导。对于这种自残自伤的学生我该怎么辅导呢？如何评估学生是否需要转介医院治疗？学生是住宿生，但鉴于目前这种情况，应该要求家长接送吧？和家长及班主任沟通时，需要注意提醒他们什么？

一般来说，学生自伤行为的成因都比较复杂。我们需要评估后做好相应的跟进，如有必要，要及时启动危机干预机制，并及时转介。下面是一些建议：

1. 做好"一生一策"。首先，需要评估学生自伤的部位和程度。如果伤势显性且不深，比如伤口位于胳膊、手臂、大腿外侧等，可能是非自杀性自伤，主要目的是寻求注意和关爱，可以给予关心、鼓励等。如果伤势在隐秘部位或伤口较深，可能有自杀倾向。无论伤势如何，有自伤行为的学生都应及时转介至专业医疗机构进行评估和治疗，学校不能以保密原则掩盖事实，应督促家长及时带孩子看医生。与家长沟通时，说明利害关系，并签订《知情同意书》和《安全承诺书》。每次家访和通话都应做好记录，并保存学生的诊断证明，做好学生档案的管理，这是学校履责的关键依据。

2. 开展心理辅导工作。与学生进行面对面的谈话，目的是给予学生情感支持和安慰，让其感受到关心和支持，在此基础上，了解自伤原因、动机和心理状态。根据学生情况，制定个性化的心理干预方案，如是否需要改变他的非理性认知，是否需要安排关系好的同学日常跟进观察等。加强与家长的沟通和合作，共同关注学生情况，及时制定解决方案。

3. 关于沟通走读事宜。学校和家长需要密切合作，共同关注学生的情况，及时沟通和解决问题。如果学生是住宿生且出现自伤情况，建议学生先走读，等孩子情绪平稳后再回校住宿。如果家长反对接送，可以与家长协商其他的解决方案。在与家长和班主任沟通时，提醒他们关注学生的情绪变化和行为表现，及时发现问题并采取措施。同时介绍学校的心理健康教育和心理干预措施，确保学生（包括其他学生）在学校的人身安全是首要任务。

我的思考与经验

---

80. 高一学生控制不住自己想自残

适用对象：班主任、心理老师、家长　　**适用场景**：教室、辅导室、家庭

鲁洁 回答

匿名 提问：有个高一学生说她控制不住想自残，我们该怎样辅导她？之前咨询过这个学生，她说从初中就开始自残，没有原因就是想自残。

在之前的咨询中，虽然学生说没有原因就是想自残，但作为心理老师的我们要有一个意识："没有原因其实也是一个原因。"只是需要我们慢慢挖掘背后的原因。学生说没有原因，可能是时间久了，她自己已经忘记了最初是因为什么；也可能是对咨询的阻

抗，她还没准备好要告诉你真实的原因。针对自伤自残的学生，我们可以从以下几步来进行辅导。

首先，我们要跟孩子建立信任关系，与她共情。描述看到的场景／事实，表达对学生的关心，切记不要一开始就说教。比如先关心她的伤口疼不疼，表示自己看着好心疼。

然后，再循序渐进，争取能了解到真实原因。

（1）了解学生自残的工具，询问学生："你是用什么割伤的自己呢？"

（2）站在学生的角度和她感同身受。例如，"看着你现在的伤口，我想你当时肯定很疼吧。"

（3）表达我们的感受。例如，"看着你的伤口，我都好心疼。"注意这句话要根据上一步学生的回答来说，要观察学生回复时的情绪状态，她可能会说"刚开始疼，后面就麻木了"，也可能是"看着流血就觉得很开心"，也可能是"觉得生气"，要根据她的状态灵活选择回应的方式，不能机械照搬话术。

（4）探索原因。例如，"是发生了什么事吗？"注意这里要顺着学生上一步的情绪来问。

最后，我们需要针对原因进行辅导。看看当下最让学生感到苦恼和不能解决的问题是什么，引导学生针对问题寻求方法。切记不要一开始就以自己的经验进行说教。当然，也要看你能否将学生的关注点聚焦到可以解决的问题上，愿意迈出第一步。如果学生阻抗严重，或者辅导时间内无法确定该如何解决问题，那最好还是预留多些时间来明晰，不要为了解决问题而赶进度。

补充知识点

阻抗（Resistance）：指在心理咨询与心理治疗的过程中，来自来访者有意或无意的抵抗，从而干扰治疗进程的现象。

我的思考与经验

81. 高一新生用订书机自残，不愿和老师沟通

适用对象：心理老师　　　**适用场景**：辅导室

闫芳 回答

匿名 提问：高一新生，用订书机自残，不愿和老师沟通，不愿离开教室。让她把订书机放下，她就大喊大叫，影响全班同学上课，还排斥所有人的安慰。作为心理老师应该怎么办？

　　自伤行为属于较高程度的危机情况了，我们需要启动危机干预系统，需要学校领导、老师和家长的共同配合。情况发生的当下科任老师应该第一时间上报学校并联系家长，同时尽量将学生带离班级，找个安静的地方平复学生的情绪。找个替代物换掉孩子手中的订书机，可以是橡皮等相对柔软的文具，也可以是毛绒玩具等。

　　我们应该联合班主任和学校领导同家长沟通，一起分析孩子自伤的原因，是同伴关系、亲子关系还是其他原因造成的，一起尝试改善，帮孩子重建心理力。必要的话家长需带孩子去有资质的专业机构进行诊断和治疗。

　　按照我们学校的要求，有过自伤或确诊心理问题的学生，应该遵医嘱居家治疗、调节。如果学生坚持回校上学，老师需密切关注学生情绪状态，并和家长签订《安全责任书》，保证孩子的人身安全。

　　心理老师还需定期回访，即便学生不愿意定期来做咨询，我们也要找机会和学生简单聊聊，并且和家长、班主任确认情况。

　　每一个危机个体都需要我们花大量时间来慢慢辅导，最好建立个体台账，方便我们及时梳理、调整咨询方案。

同行补充

　　彭超（高中专职心理教师、硕士，曾获烟台市心理健康优质课一等奖、烟台市高中心理健康教育在线优质课程资源一等奖）：作为心理老师，首先，在面对危机情景时一定要冷静，按照学校危机处理程序进行操作，及时联系班主任、校领导和学生家长。其次，要及时制止学生的行为，即使其大喊大叫，也要及时干预。在沟通时尽量温和，将其尽快带离教室。离开教室后可以将学生带到安全区域，如心理活动室等不具有伤害性

物品的场所；尽量安抚学生，及时请校医对学生的伤势进行处理。在家长到来之前，可以尝试询问学生突然自伤的原因，之前是否也出现过类似行为，若情况严重，则要建议家长带学生及时到专业机构治疗。除签订《安全责任告知书》以外，还要及时做好咨询工作，了解学生在校时的思想动态，发现问题及时解决。若学生选择休学，也要做好跟踪工作，以帮助其做好复学后的心理调适。

我的思考与经验

82. 请问中学生自残自伤的比率有多少？心理老师可以做些什么？

适用对象： 心理老师、班主任　　**适用场景：** 教室、辅导室

李宁 回答

> **匿名 提问：** 请问中学生自残自伤的比率有多少？最近发现学校里已经有好几位学生有自残自伤行为，作为心理老师可以做些什么？

非自杀性自伤（NSSI）是指在无自杀意图的情况下，直接、故意、反复地伤害自己的身体，但不会导致死亡的行为。虽然NSSI与自杀有着本质上的区别，但大多数研究表明具有NSSI行为的青少年发生自杀的概率更大。例如，发生过NSSI行为的青少年中，70%以上曾经或者现在有自杀意念，具有NSSI行为的青少年在随访的一年期间有10.9%至少发生过一次自杀未遂。正是由于NSSI行为的高发生率和严重危害性，该行为已被纳入了《精神疾病诊断与统计手册（第5版）》（DSM-V）中，作为一种单独的行为障碍。中学生的非自杀性自伤是需要关注的议题，目前看到的相关的具体数据报告，包括最近的一项Meta分析显示，全球青少年NSSI的终身患病率高达17.2%。在中国，青少年NSSI的检出率为5.4%～23.18%。但是要特别说明的是，非自杀性自伤容易发展为自杀的前兆，需要有专业人士介入干预，让相应同学找到更科学、健康的治疗方式和

情绪体验。

在发现学生有非自杀性自伤的情况后，心理老师需要注重建立信任关系，借助《非自杀性自伤评估表》，逐一了解学生自伤发生的具体情况，第一次自伤是什么情形，最近一次是什么情形，发生了哪些重大的生活事件，监护人是否知道学生自残自伤的情况。评估来访者的心理状态后，根据学生的情况，启动危机预警机制，并告知监护人，报备学校领导，并根据转介就医的情况决定后续工作方向。

我的思考与经验

83. 如果学生跳楼自杀，心理老师后续要开展哪些工作？

适用对象： 心理老师　　　**适用场景：** 教室、辅导室

王雅 回答

匿名 提问： 如果学校有学生跳楼自杀，心理老师要开展哪些工作？应该从哪些方面开展？以及对其他同学的维稳工作要怎样做？

如果真的不幸发生了学生跳楼自杀事件，学校须立即启动应急预案，组织相关人员进行处理，包括通知家长、报警、组织救援等。事件发生后，其他学生肯定会出现害怕、悲伤等情绪，心理老师最重要的工作是做好学生的哀伤辅导。

1. 针对目击者（如果是校内）、关系亲密的同学，要及时开展个体辅导，我们要特别关注本身就有抑郁症或有抑郁倾向的学生，评估个体的心理状况，提供必要的个体心理干预。

2. 组织所在班级学生进行团体辅导，通过心理辅导活动，帮助学生宣泄情绪。在开始哀伤辅导之前，要确保建立一个安全不被打扰的环境，让学生能够感到放松和被接纳。在设计环节时要注意倾听学生的感受，缓解悲伤，帮助学生建立积极的应对策略，包括寻求帮助、与他人交流、参加悼念活动等，鼓励学生关注自己的身心健康，如饮

食、运动、休息等，以帮助他们恢复和调整自己的情绪和心态。更详细的操作，可以自行检索并查看广东版本的《广东省中小学心理危机干预手册》。

3. 在学生心理状态恢复的过程中，我们要与班主任密切沟通，如果班主任情绪激动，暂不能处理班级事务，需要跟学校反馈，及时调整班主任工作。

同行补充

李宁： 自杀事件的后续心理干预需要在学校统筹安排下来进行，具体可以从人员确认、分级辅导两个角度来进行工作。人员确认是评估出哪些是亲历者和自杀者的亲朋好友，所有目睹这个事件的老师和学生都是亲历者，他们是需要情绪安抚的第一层次人群，安抚过程中要注意避免该层次人群再受其他重大事件的连带扰动。若亲历者的反应最大，需要针对性地安排团体辅导或者主题班会，帮助该群体进行情绪疏导。具体操作过程，可以参考广东版的《广东省中小学心理危机干预手册》。

其他听闻这个事件的人群中的易感人群属于第二层次，可以在评估其应激状态后，根据具体情况进行危机干预。其他同学的心理维护可以从生命教育、情绪管理等心理课着手。

要特别注意的是，整个事件和相应人群的应激处理应该是团队工作，仅靠心理老师一个人是难以完成的，建议学校由领导班子牵头组建危机干预团队，有条件的可以邀请督导或其他专业人士协同工作。所有参与工作的老师一定要注意对自我的照顾，避免心力耗竭。

阿*老师： 从现实角度看，在校园危机事件的处理中，舆情的控制也是非常重要的，尤其不能让学生传谣。涉及到学生方面的提醒，可以在团体辅导中加以引导。

我的思考与经验

84. 有轻生念头的女生休学在家，我该如何提供支持和帮助？

适用对象：心理老师　　**适用场景**：辅导室、家庭

黄珊珊 回答

中学专职心理教师、硕士、国家二级心理咨询师、中山市优秀教师，曾获广东省第三届中小学心理教师专业能力大赛一等奖。

> **匿名 提问**：学校有个有轻生念头的女生，现在休学在家，已经去过专业医院就医。她很不信任心理医生和学校的老师，但对我还算有一些信任。她跟我在电话里聊了一个小时，说一个人在家很无聊，最近仍然有很强烈的自杀想法，不知道该怎么办。我已经向学校领导汇报了这个情况，也让班主任提醒家长注意孩子休学在家时的安全。我还需要做些什么可以更好地帮助她？

首先，与孩子进行深入而细致的对话，了解他们有关自杀的想法和冲动，包括这些想法的频率、自杀计划的详尽程度以及冲动的强烈程度。避免回避这些敏感话题，务必确保孩子的安全，例如通过家长24小时陪伴、及时就医或住院治疗等方式。

其次，向家长详细传达孩子的情况，并要求家长与心理医生取得联系，进行复诊。确认孩子是否按照医生的建议服药，包括是否私自停药或增加药量。如果孩子对心理医生不信任，需要了解孩子是对主治医生有意见，还是对所有医生都持怀疑态度，必要时可以考虑更换医生。心理老师可以在必要时与医生进行沟通，以减少信息传递过程中的误解或偏差。

最后，您可以联合班主任、学校领导进行家访。心理老师在辅导过程中可与孩子签订《辅导期间不自杀协议（安全计划）》等相关文件，以确保孩子的安全。这些行动将有助于提供更全面和有针对性的支持。

同行补充

王雅：亲爱的同行，面对这种危机事件，我们也会承受很大的压力。在帮学生的时候，别忘了照顾好自己，要是觉得压力太大或者需要支持，就赶快找人帮忙，别犹豫。

93. 学生因曾长期遭受欺凌出现自我伤害行为，如何为她提供紧急心理干预？

适用对象： 班主任、心理老师　　**适用场景：** 教室、辅导室

翁卓祺 回答

匿名提问： 有个学生在小学的时候，长期受到欺凌，上初中后好很多，但最近她居然开始伤害自己了，我看着挺心疼的。她跟我说，她实在是受不了同学们的冷言冷语和孤立，才会做出这种事来。我知道得赶紧给她帮助，但我自己也没遇到过这种情况，不知道该从何下手。我该怎么给她紧急心理干预呢？我该找哪些人帮忙，比如学校的班主任、德育处，或者是心理医生？我该怎么说怎么做，才能让她觉得有人理解她，同时又不让她觉得有压力？还有，我得跟她的家长说说这件事，但又怕说了之后她会有更多的压力。我该怎么说，才能让家长明白事情的严重性，又能给她足够的支持呢？

根据你提供的信息和学生的主诉，你对她的情况非常关注且着急，希望尽快为她提供足够专业的支持和帮助。首先，你们之间已经开始工作了。你的心疼、着急正通过各种非言语行为，向学生传递你的同理心、无条件积极关注和真诚。在她饱受冷言冷语和同伴孤立的时候，她愿意信任你、向你倾诉，你也表达了对她情绪的感知和回应。这是咨访关系良好的表现，也是你们接下来开展工作的坚实基础。我们首先可以确认这一点：你已经在帮她，并且开始帮到她了。

另一个需要同时确认的重点，是学生的危机评估。她受欺凌是小学的事情，初中已经好了很多，最近因为类似情境的重现，才让她开始伤害自己。由此我们可以判断，这属于非自杀性自伤行为。她自残并非以结束生命为目的，更多的是表达内心的各种情绪，包括但不限于压抑、愤怒、委屈、悲伤等。我们需要帮助她觉察这些情绪，将它们具象化、明朗化，避免她再次选择见诸行动的方式。这是属于心理老师的工作范围。

接下来的工作，才是具体的行为干预。欺凌事件无法单靠心理老师一个人去处理。除了受害者，还有施暴者。我们可以联系班主任，了解具体的事件经过，通过找其他学生谈话、开展反欺凌主题班会等方式处理该事件。至于请家长，我们需要慎重和学生本人讨论，首先表明事关人身安全，学校有责任也有义务将事情告知家长，询问学生对此是否有什么疑问或担心，希望心理老师与家长沟通时注意哪些细节。与家长沟通的最好

是一个团队，包括班主任、年级长、心理老师、德育处领导等。这样的阵容，既表达了学校对事件的重视、对学生的关心，也可以从多个层面回应家长的问题。团队协同处理，也是心理老师工作中需要动用的支持力量和资源，具体可参考有关危机干预小组的会议议程。总之，你不是一个人。

94. 如何引导有欺凌行为的施暴者认识到自己的错误，并帮助他改正行为？

适用对象：班主任、心理老师　　　**适用场景**：教室

王雅 回答

匿名 提问：我是初中的心理老师，最近有个班主任向我求助，他们班的一名学生在校园里欺负了别的同学，成了欺凌事件的主导者。班主任心里难受，觉得这不仅伤害了被欺负的同学，对学生自己也不好。班主任想让我帮忙，跟学生沟通认识到自己这么做是不对的，还想帮他改正。但我不知道该怎么跟学生说，您有没有什么好办法，能让我有效地跟学生沟通，让他从心底里意识到错误，并且愿意改呢？

请先做好心理准备，因为改变并非一蹴而就，我们的辅导可能需要一些时间才能看到成效。

首先，我们要解决的问题是如何与他建立起信任。由于这个孩子是被动接受辅导，在与他沟通时，请确保你的态度是充满理解和接纳，而不是指责。选择一个私密且舒适的环境进行对话，这样可以帮助减轻他的心理压力。

接下来，当我们建立了良好的关系后，我们可以开始探讨他的行为，倾听他讲述自己的故事，了解他欺负同学背后的动机。我们可以使用空椅子技术、绘画等方式，帮助他理解和感受到被欺凌者的痛苦和无助，从而培养他的同理心。接着，我们需要重建他的认知，让他认识到自己的行为是不恰当的，并且可能会带来严重的后果，对他人和自己都可能造成伤害。你可以向学生明确表示你对他们的行为感到担忧。解释为什么欺凌行为是不可接受的，以及它如何影响他人和自己，引导学生自我反思。您可以提出一

些问题促进学生思考自己的行为，比如："你认为你的行为对别人有什么影响？"或者"如果你是被欺负的人，你会怎么想？"之后，可以讨论欺凌行为的后果，包括对被欺负者的伤害，以及对自己声誉和社交关系的影响。在适当的时候，我们可以重申校纪校规，让他明白学校对这类行为的立场。

然后，在谈话结束时，我们可以建议他通过实际行动来弥补错误，比如写一封道歉信。同时，鼓励他在日常学习生活中多展现一些助人为乐的行为，比如参与义工服务。如果后续有条件，除了与涉事学生沟通外，还应该和班主任一起，对整个班级或学校进行关于欺凌的教育，以预防未来的欺凌事件。

最后，因为这是班主任提出的请求，与班主任保持密切沟通至关重要。我们可以让这个学生在班级里承担一些义务劳动，以促进他的改变。如有必要，与学生的家长进行沟通，共同制定教育策略，确保家庭和学校在教育和引导孩子上能够形成合力。

95. 学生觉得学校对欺凌行为的处理不够公正，我应该如何安抚她的情绪？

适用对象：班主任、心理老师　　**适用场景**：教室

谢晓燕 回答

匿名 提问：前几天学生小陈来辅导室，她很愤怒，她对学校处理最近一起欺凌事件的方式感到特别不满。她的一个好朋友被几个同学欺负了，他们不仅在班级群里发了一些侮辱性的消息，还在社交媒体上散播了一些不实的言论。小陈的朋友因为这个事情特别难受，情绪也很低落。小陈就去找了班主任，但是，学校只是对那几个欺负人的同学进行了口头警告，并没有采取什么实质性的惩罚措施。小陈觉得学校这样处理太轻描淡写了，她觉得这对受害者很不公平，对欺负人的同学也没什么威慑作用。她跟我聊的时候，能感觉到她挺愤怒的，对学校也挺失望的。我在辅导中让她发泄了情绪，我们约好了下次见面。我希望在下次可以让她知道怎么应对这种情况。我知道这事处理不好，可能会影响学生对学校的信任，甚至影响她的学习和生活。您有没有什么好建议？

在下一次见面的时候，我会建议先询问来访学生这段时间过得如何，评估一下这个事件对其当前情绪的影响。如果情绪还是很强烈，那么先让其宣泄自己的情绪，等其冷静了，然后和孩子探讨当自己面对觉得不公的事件而产生情绪时，自己可以如何面对以及处理。比如深呼吸、正念冥想或者写日记。这些方法可以帮助她在感到愤怒或失望时，更好地控制自己的情绪。

这里面涉及一个心理边界的问题，心理边界是个体在心理层面上所设立的界限，它定义了自我与他人、自我与外部环境之间的分界线。这些界限主要反映在个体的情感、认知、动机和行为等方面。心理边界的存在有助于个体维护自我完整性，保护个人空间和内心世界，以及调节与外界的互动。

学生基于学校的处理方式以及对好朋友的情感，产生不公正的认知，进而情绪产生影响。这属于"我的事"（"我的事"指的是个体自己的需求、情感、想法和行为。一个健康的心理边界会让个体明确地区分"我的事"和"别人的事"，从而对自己的情绪、行为和决策负责。这意味着个体不会过度依赖他人，也不会把自己的责任推卸给别人），而学校如何面对欺凌情况进行处理，属于的是"别人的事"（"别人的事"指的是他人的需求、情感、想法和行为。尊重他人的边界是建立健康人际关系的基础。这意味着个体需要尊重他人的独立性，不过度干涉他人的生活，允许他人有自己的空间和选择），它会对我们造成一定的影响，但我们却无法对"别人的事"进行决策。我们能处理的是属于自我的情绪这部分。让学生了解边界的存在，鼓励小陈从这次经历中学习和成长，成为一个更有同理心和正义感的人。重要的是让小陈知道，虽然她可能当下会感到孤独和无力，但她的感受是合理的。比如，对于自己产生的情绪能自己进行排解，对于外在的一些既定的客观事实，我们可以学习如何换一个角度来看待事情，比如如何安慰好朋友，让其好受一点。而她的朋友，要学会正确的方法，寻找到适当的支持，以后也可以有效地应对类似的挑战。当面临欺凌时，知道可以做些什么来保护自己。比如，通过正式的渠道及时报告被欺凌的事实，争取尽早介入。寻求身边可信赖的成年人的帮助，包括家长、老师或其他信任的成年人。平时也要学会一些自我保护的方法，如避免单独与欺凌者相处，学习一些基本的自我保护技巧等等。

96. 欺凌者学生家长否认欺凌行为，拒绝合作。我该怎么办？

适用对象：班主任、心理老师　　**适用场景**：教室

林红丽 回答

> **匿名 提问**：我校有个学生在上个月遭受了同学的欺凌，这事挺严重的，学校领导都惊动了。学生当时被同学们孤立，还被人故意推倒，甚至在她的书桌上写一些侮辱性的话。这让她感到非常痛苦和不安。现在的问题是，带头实施欺凌的学生家长不承认这是欺凌行为，还说这些都是孩子们之间的普通矛盾。学校领导也找我谈话，希望我能够从心理辅导的角度出发，跟家长谈谈，让他知道欺凌行为的严重后果以及对学生的伤害。想听听您的建议，看看有没有什么好的方法能够既保护这个学生，又能让欺凌者的家长意识到问题的严重性呢？

这个情况确实棘手，但我们可以采取一些策略来处理。

首先，在跟欺凌者家长沟通前，你先深入了解事件的细节，以及受害学生的心理状态。

其次，可以和德育处老师一起，和家长进行沟通，在沟通时，你可以尝试以下思路：先倾听家长的观点。家长不承认孩子有欺凌他人的行为，但给他们一个表达观点的机会是很重要的。倾听他们的担忧和解释，因为这样可以挖掘到家长真正的担忧和动机。看到学校找上门来，父母有可能出于本能、怕承担后续责任、不愿承认对孩子疏于管教或者平时就没有成为孩子积极的榜样等诸多原因，用否认的方式去回应。通过非评价的沟通方式，先同理家长对孩子出现欺凌事件的关心和理解的这部分情绪。你可以拉家长站在同一立场上，强调彼此的目标都是为了孩子的福祉，帮助孩子能够健康成长。

然后，尝试用事实和数据来回应家长的误解。可能有些家长并不完全了解欺凌的严重性，分不清它与孩子们之间的普通矛盾有何不同。你可以举一些案例，向家长解释欺凌行为对受害学生造成的心理和身体伤害，以及这些伤害可能对她未来生活和学习的影响。你可以清晰、客观地描述受欺凌的受害学生被孤立、被推倒以及书桌被涂写侮辱性文字等具体情况。你还可以强调，不管是欺凌者还是被欺凌者，都会受欺凌事件而产生长远的不良影响。对于欺凌者来说，他们可能会：行为模式固化，如果不加以干预，欺

凌行为可能会成为他们今后处理冲突的默认模式。社会关系受损，长期的欺凌行为会损害他们与同学的关系，人人避之不及。如果不能得到有效惩戒和教育，任其发展，在成年后很可能表现为社会性人格障碍，具有高度攻击性，缺乏羞惭感。严重的话，要承担相应的法律责任后果。

之后，可以尝试了解相关的法律和学校规章制度，知道欺凌行为是违法的，并且，强调学校的立场和决心。教育部在2021年4月6日发布的《未成年人学校保护规定》征求意见稿中就对学校提出了要求：应建立对欺凌的零容忍机制。告诉家长学校对欺凌行为持零容忍的态度，并会采取一切必要措施来保护受害学生。让家长明白，如果他们不配合解决问题，学校可能会采取进一步的行动。

接下来，告诉家长学校愿意提供必要的支持和资源，来帮助他们教育好孩子，包括提供一对一的心理辅导和必要的教育课程等。目的是帮助学生学会控制情绪，并对自身行为负责，能理解因自己行为而产生的后果，并学会从受害者的角度考虑问题。学会识别自己情绪失控的触发因素，并学习积极的应对策略。让家长知道学校是真心实意愿意与他们合作，共同为孩子的成长创造一个积极的教育环境。

最后，向家长强调家庭和学校合作对于解决问题的重要性。鼓励家长成为解决问题的一部分，而不是对立面。与家长一起探讨如何解决当下的问题，包括对欺凌者的适当惩戒和受害者的支持措施。强调合作和积极干预的重要性。如果家长仍然不承认问题的严重性，可以考虑邀请家长到校进行洽谈，由法制副校长或学校的法律顾问介入，提供更专业的意见和指导。

97. 学生知道欺凌事件内情，但害怕说出来会被报复，我该如何引导她做出正确的选择？

适用对象：心理老师　　**适用场景**：教室、辅导室

陈银欢 回答

匿名 提问：我最近在心理课上遇到了一个高二的学生，她课后私下找我，说自己

知道班级里有欺凌的情况，她心里很矛盾，一方面觉得应该说出来，帮助受害者，另一方面又担心自己会受到伤害。这让她很痛苦，影响到了她的生活，晚上睡不着，吃饭也没胃口。我想帮她解决这个问题，让她能够鼓起勇气说出真相，同时也要确保她的安全。我该怎么跟她说，才能给她提供心理支持，帮助她处理这种复杂的情绪，让她有勇气说出来呢？我需要采取哪些措施来保护她？

要想让学生能有勇气说出真相的前提是让学生能感到空间环境和心理环境的安全。

首先，心理老师需要向班主任和上级领导报告该生的两难处境，由学校领导、班主任和生活老师参与并共同制订该生在校和上学途中的安全保障措施。例如，为学生建议一个更为安全的上下学路线，并在必要时班主任单独跟该生父母约谈并承诺接送该生返校一段时间，提供短期的护送和交接，避免来校或者离校期间被欺凌，保障该生生理和心理的安全。鼓励学生寻找信任的成年人或同龄人进行倾诉，以缓解她的压力和焦虑。如果欺凌行为严重的话，可能需要考虑直接通过法律途径来解决问题，如报警或寻求法律咨询。

其次，为了保护学生的身份，可以建议通过匿名信件或变声录音的方式提供欺凌事件的证据，这样既能揭露真相，又不会暴露她的身份。学校领导层面制定免欺凌和欺凌受保护行为制度，班主任制定班级欺凌保护条约，明确欺凌行为的后果和学校惩戒的规章制度。设置心理委员，增加互助互信的学习和生活氛围等措施保障空间环境的安全。

再次，心理老师约谈该生时告知学校能落实的安全保护措施，了解该生还存在的担心和困惑。鼓励该生说出真相的同时，承诺除自伤、他伤及违反法律的行为外，约谈内容是保密的。心理老师及时肯定该生想说出真相的勇气和正义感，增加明辨是非的价值观引导，普及法律保护的知识，告知会为该生提供持续心理援助服务。可以组建一个反欺凌的同伴支持小组，通过集体的力量来提供心理社会支持，对抗欺凌行为。

最后，心理老师还可以借此机会，为全校师生开展一次反欺凌的教育和培训，提高他们对欺凌行为的认识和应对能力。

98. 学生因曾被欺凌而出现学习困难，该如何为她提供学业支持和辅导？

适用对象： 心理老师　　**适用场景：** 辅导室

李宁 回答

> 提问：我是一个高中的新手心理老师。前天学生小云过来辅导室，她说之前遭遇了同学们的欺凌，这事对她影响特别大。她的床被曾经被舍友泼脏水，洗发水被换成洁厕精，被集体孤立，这让她感到非常痛苦和不安。后来班主任发现后严惩了欺负她的同学，但是欺凌行为对小云的学习造成了很大的影响。她很难集中注意力，记忆力也下降了，成绩开始下滑，这让她和家人都很担忧。我知道我应该为学生提供学业支持和辅导，帮助她从过去的经历中走出来，但我真不知道该从何下手。

首先，在咨询正式开始之前，您需要与小云建立信任关系，确保她知道这是一个安全的空间，她可以自由地表达自己的感受，这里所说的话不会被泄露。在咨询前，还要跟她强调保密原则和保密例外，清楚地说明在某些情况下（如自伤或自杀倾向）可能需要打破保密。这是出于对她安全考虑。

然后，你需要先评估欺凌对小云情绪、睡眠、兴趣以及学习和社交行为的影响。你可以询问小云欺凌事件的细节，包括时间、频率、涉及的人员，以及她的感受和反应，持续的时间等等。也要了解来访者难以集中注意力、记忆力下降的情况是从什么时候开始的，与欺凌事件的先后顺序是什么样的。此外，还要评估来访者在欺凌事件前后，是否存在持续的情绪和睡眠问题，兴趣减退，且来访者是否在此期间存在自伤自残甚至自杀的意念或行为，并将其情况，结合注意力困难、记忆力下降的部分，告知监护人，建议及时就医，先解决生理上的症状。

在谨遵医嘱，稳定相关症状表现，小云情绪稳定后，再找机会进行学业辅导，帮助她找回学习的动力和兴趣。可以采用以下方法：

（1）挖掘有效经验：与小云一起回顾她过去在学习上的成功经验，增强她的自信心。

（2）学习方法宣教：教授有效的学习策略和时间管理技巧，帮助她提高学习效率。

（3）成长型思维模式：鼓励小云采用成长型思维模式，将挑战和失败看作成长和学习的机会。

（4）SMART原则：引导小云设定具体、可测量、可达成、相关性强和时限性的目标，以提高学习动机等。

（5）社交技能培养：帮助小云提高社交技能，包括冲突解决、自我倡导和建立积极人际关系的能力。

（6）与小云一起制定长期规划，包括心理健康的维护、学业目标的设定以及个人兴趣和爱好的发展。

99. 参与过欺凌行为的学生，现在感到内疚和后悔，该如何帮助她走出心理阴影？

适用对象：心理老师　　**适用场景**：辅导室

冯荫 回答

匿名提问：我是一名小学心理老师，学生小丽向我透露她曾经参与过欺凌行为，现在感到非常内疚和后悔。她告诉我，她上个学期随大流，跟着其他同学一起欺负了一个新来的同学。他们给她起难听的外号，故意在背后说她的坏话，甚至在她的书包里放一些恶心的东西。后来那位同学转走了。小丽现在意识到，她的行为对受害者造成了很大的伤害，这让她感到非常痛苦，觉得自己是个罪人，很对不起那位同学。我应该如何开展辅导，既能让小丽理解自己行为对他人造成的伤害，又不会让她过度自责从而避免引发情绪困扰呢？

你可以尝试回顾这个案例，你感觉来访者的哪些想法、言行是值得点赞的，哪些是值得探讨和防微杜渐的。很显然，来访者能感受到曾经自己的言行给他人造成了身心伤害，并且带有自责感，这是值得点赞的。而曾经在群体中做出欺凌他人的行为是要时刻警醒的，那我们可以通过两个板块来开展工作。

第一，处理自责感。案例中被欺凌的学生最后是转学走的，极可能是被欺凌后被迫转学的，来访者没有为自己的欺凌行为做过任何补救性的行为，所以我们可以和来访者探讨此时此刻可以为曾经做过的错误行为做点什么。比如与那位同学取得联系，真诚地道歉，争取对方的谅解，真心地关心关爱她。或者采用空椅子的技术让来访者表达自己的真实感受，心理老师支持她完成未完成事件等。此外，也可以鼓励来访者使用心情日记等方式记录抒发自己的情感。

第二，防微杜渐。我们可以为来访者的反思与觉察点赞，同时与她深入探讨以后如何避免出现此类事件。比如：要建立科学的友谊观及健康的人际交往圈。在遇到校园欺凌事件中发挥自己的正向力量，不做冷漠的旁观者及参与欺凌行为。

此外，在帮扶的过程中，我们要重点追踪来访者的情绪状态，引导她接纳自己真实的情绪情感，同时对自己曾经的行为负责，在这个过程中收获成长。

100. 家长担心孩子在学校遭到了校园欺凌，我该怎么办？

适用对象：班主任　　**适用场景**：教室

鲁洁 回答

匿名 提问：当网上报道了很多关于校园欺凌事件后。作为小学一年级的新手班主任，常会接到一些家长的电话，诉说孩子在学校跟某某发生了矛盾，比如自家孩子的文具被同桌拿了，要求换座位。又比如说排队的时候，同学总是用手去弄他。每当接到这些电话的时候，学生在校也没跟老师说，家长就来质问老师，感觉也烦，也觉得这些家长小题大做。面对这种情况，我该如何处理比较好。

作为小学一年级的班主任，我们首先要有一个认识就是我们作为小学一年级的班主任，除了面向孩子以外，事实还会面对学生背后的家长。而很多家长可能第一次当小学生家长，孩子能否顺利幼小衔接是他们十分忧心的问题。也许家长也需要完成从幼儿园到小学这样的一个适应过程，所以从他们所关注的点也可看出家长的焦虑和担忧所在。那么当我们接到此类电话的时候，第一步就是老师自己要情绪稳定，对家长共情，表示理解家长背后的担忧，说出TA的担忧。第二步就是表示孩子在幼小衔接的适应过程中会遇到很多事，出现人际冲突和适应上的困扰，是非常正常的。我们通过这些事情应该教会孩子应对方法才是最重要的，因为家长不可能时时刻刻在孩子身边。第三步就是表达下来我们会了解情况，让家长不要担忧，我们一起来解决就好了。

面对一年级的学生，我们在了解后，一般都会发现很多事大多会是家长过度放大化的。这是由于焦虑导致的泛化。但时常有家长来电，也说明在我们班上，的确存在一些共性的问题，如去拿东西或者捣乱的孩子，不知道如何与同学相处。面对此情况的孩子，不知道如何应对，那么作为班主任的我们，可以据此设计班会课，利用课堂解决这些共性存在的问题。

第十二章

其他心理困扰

章节说明：

本章将探讨多种心理困扰，包括哀伤辅导、多动症、特殊儿童行为问题、失眠、抑郁、创伤后应激障碍（PTSD）以及丧失辅导等。这些心理困扰相比前几章的心理问题，在实践中出现的概率较低。限于篇幅，合并一章来探讨。这些概念涉及个体在面对亲人去世、心理障碍、行为问题、睡眠障碍、情绪障碍等情况下的心理反应和应对策略。

以下是针对这些主题的核心内容和主要观点：

1. 哀伤辅导：面对亲人去世的学生，我们需要帮助个体接纳哀伤情绪，处理好丧失感，通过告别仪式来表达哀伤，以及寻找生命中的其他重要他人。关键信息包括使用绘本或故事书与孩子谈论死亡，以及通过写信、画画等方式表达思念。在学术研究中，哀伤通常与丧亲相关，特别是指亲人死亡后个体所经历的情感反应和心理适应过程。哀伤辅导更侧重于死亡带来的情感处理和心理适应。帮助个体认识和表达哀伤情绪，处理与逝者分离所带来的心理和生理反应，并逐步适应失去亲人后的生活。研究显示，哀伤辅导中一个重要的方面是帮助丧亲者完成所谓的"悲伤功课"，这包括直面丧失，回顾与逝者相关的事件，并在心理上逐步与逝者分离的过程。

2. 多动症：对于多动症学生，学校应与家长保持沟通，了解学生的就医情况，提供适当的支持，制订个性化学习计划，关注学生的情绪和社交发展，以及培养良好的班级氛围。关键信息包括与家长签订《知情同意书》和《安全承诺书》，以及通过行为管理策略和认知行为治疗等方法帮助学生。

3. 特殊儿童行为问题：对于行为举止异常的学生，我们需要与家长沟通，采用行为改变措施，通过视觉提醒和班级活动干预，以及必要时的惩戒来纠正不良行为。关键信息包括制作卡片、提示语等视觉提醒的方式进行制止。

4. 失眠：对于长期失眠的学生，我们应引导家长及时转介至专科医生，并提高学生和家长的就医意愿。关键信息包括建议学生去看精神专科或综合三甲医院的睡眠专科，排除器质性疾病，并强调睡眠问题的复杂性。

5. 抑郁：对于抑郁症学生，我们需要定期回访，建立个人台账，提醒家长定期带孩子复查，并关注学生的情绪变化。关键信息包括在学生情绪失控时及时告知学校领导，并建议家长带孩子跟进治疗。

6. 创伤后应激障碍（PTSD）：对于目睹创伤事件的学生，我们需要提供倾听与同理，鼓励情绪宣泄，提供支持与陪伴，鼓励学生回到正常生活，并注意情绪变化。关键信息包括避免否认学生的感受，并在必要时进行转介。

7. 丧失辅导：对于因亲人去世而感到愧疚的学生，我们需要帮助他们直面丧失，允许不良情绪的存在，通过告别仪式进行心理补偿，并鼓励他们接纳现实、积极面对。关键信息包括通过冥想或写信的形式进行告别仪式，以及通过行动弥补心理的亏欠。

相比之下，丧失辅导是一个更为广泛的概念，它不仅限于死亡带来的丧失，也包括其他类型的生活丧失，如离婚、失业、健康问题等。丧失辅导的目标是帮助个体从各种丧失中恢复过来，并促进个体的成长和发展。这种辅导可能会采用与哀伤辅导相似的技术，但由于它覆盖了更广泛的丧失类型，因此它的应用场景和侧重点可能会有所不同。

哀伤辅导和丧失辅导之间存在交集，它们在实践中可能会采用相似的技术和方法，例如认知行为疗法、情感表达支持、意义建构等。然而，两者的侧重点和应用场景可能有所不同。由于哀伤辅导更专注于死亡这一特定类型的丧失，它在实践中可能会更加注重处理与死亡相关的复杂情感和长期的心理适应问题。而丧失辅导则可能更侧重于帮助个体识别和利用生活中的资源，以应对各种类型的丧失。

在处理这些心理困扰时，我们强调个体、家庭、学校和社会的共同努力，以及在必要时进行专业转介的重要性。同时，也认识到作为心理老师，我们的能力有限，需要在专业界限和个人能力范围内提供服务。

101. 二年级学生的妈妈已去世一年，爸爸纠结该不该告诉孩子

适用对象：班主任、心理老师、家长　　**适用场景**：讲座、辅导室

乔翠翠 回答

匿名 提问：一个二年级男生，他妈妈因车祸去世一年了，但是他爸爸一直纠结该不该告诉孩子，应该用什么方式告诉孩子。孩子经常拿着奶奶的手机找妈妈的微信，问妈妈什么时候回家。请教老师，这种情况下我该怎样辅导？

建议家长告诉孩子实情。他不知道妈妈去哪里了，所以会一直疑惑，一直寻找。家长和老师需要注意以下几点：

1. 告知孩子："妈妈在很长一段时间都不会回来，但妈妈永远爱你。"这个信念应该坚定地传达给他。虽然妈妈不回来了，但爸爸和其他家人会继续爱你，像妈妈在的时候一样。让孩子知道他还有其他可以依赖的人。

2. 孩子会表现出痛苦或情绪、行为出现明显的变化（短时间内变得异常），要接纳孩子的情绪和行为，多陪伴他，并且鼓励孩子宣泄痛苦的情绪。宣泄方式是多样的，哭、画画、写作等。

3. 可以和孩子谈论死亡，如果不知道怎么开口，可以借助一些绘本或故事书。重要的是传达的信念：死亡并不美好，但也没那么可怕；死亡就是生命的终止，但家人对她的爱和思念可以延续。千万不要美化死亡，否则可能会导致孩子采取不当行为。

4. 在可以接纳妈妈离世的事实后，家长应该和孩子一起谈论妈妈，怀念过去和她一起的生活事件和细节，妈妈优秀的工作表现，妈妈对所有家人的照顾和关爱等。这是在表达思念，也是借机鼓励孩子要努力向上，认真生活。

补充知识点

哀伤辅导：是一种针对因失去重要他人而引发悲伤情绪的心理干预方法。其目标是帮助人们在合理的时间内经历正常的悲伤，并健康地完成悲伤任务，从而增强他们重新开始正常生活的能力。通常由专业心理辅导师组织和指导，通过一系列辅导活动、心理干预和支持，帮助个体或团体面对和处理悲伤情绪，恢复和重建自我和社会关系。

针对未成年人的哀伤辅导有以下四个基本步骤：

第一步：接纳哀伤情绪。

引导学生接纳自己的哀伤，这是最重要的。帮助学生明白，产生这样的感受非常正常，任何一个人遇到此类事件都会觉得痛苦、哀伤、茫然无措，不需要觉得恐惧（即使感到恐惧也没关系，家人和老师都会和你在一起），试着接纳这种情绪，并通过多种方式宣泄情绪，逐渐缓解这种感受。

第二步：处理好"丧失感"。

失去是令人痛苦的，因此老师要帮助学生处理好"丧失感"。老师可以通过反问学生"亲人离世真的代表'失去'吗"？引发学生深思，并告诉学生："亲人的离开并不会影响他对你的爱，同样，如果你也爱离去的亲人，不必断绝与他的'联系'，要学会在分离中继续爱他，让他存在于你的世界中，你仍旧可以带着这份爱和想念继续努力生活。"老师可以鼓励学生通过写信、画画、做手工等方式，表达自己的思念，让学生和逝者建立可持续性的联结关系。

需要注意的是，在此过程中，教师要注重引导学生感悟生命，让学生不断丰富生命体验，帮助他们树立积极向上的生命价值观。

第三步：做好告别仪式。

因为觉得小学生年纪小，有些家长对亲人去世这件事闭口不谈。很多时候，家长认为不参加葬礼也是对孩子的一种保护。加之有些小学生的老家都远在外地，因而容易出现"见不到亲人最后一面"的情况。殊不知，就是这样的"错过"，可能会让学生无限放大哀伤，并产生"没见上最后一面"的遗憾感。

在这种情况下，做好告别仪式非常重要。老师可以为学生找一个安全舒适的地方，让其通过给逝去的亲人写信来表达哀伤与告别，也可以让学生在心理老师的帮助下，采用"空椅子疗法"进行告别。告别仪式完成后，学生内心的遗憾也会逐渐化解。

第四步：寻找其他重要他人。

亲人离世对于小学生而言，是失去了一位重要他人。因此，教师要注重引导他们寻找生命中更多的重要他人，让学生意识到"失去了一位重要他人并不意味着再也没有人可信赖，生活中仍有许多重要他人，如父母、老师、朋友等，有需要时，可以随时向他们求助"。当学生被更多的重要他人赋予力量感时，也更容易调整好自己的状态，走出哀伤，回归当下的生活，进而增强心理弹性，树立正确的生命观。

我的思考与经验

102. 四年级女生的母亲病危，但家人一直对她隐瞒真相

适用对象：班主任、心理老师　　**适用场景**：教室、辅导室

冯荫 回答

> **匿名 提问**：我遇到一个棘手的危机干预，想请教大家。我接到一位四年级女生家长的电话，他说孩子妈妈由于乳腺癌已经住院两年，最近医生下了病危通知，预计还有一周左右的生命时间，准许妈妈出院回家。孩子家里一直对她隐瞒妈妈的病情，将她隔离在死亡之外。女孩性格善良、单纯，开心地以为妈妈健康出院了。现在非常担心孩子会无法接受这个事实，家长求助学校。面对这种情况我该怎么处理？

我认为应该让四年级的孩子知道事情的真相，编一个善意的谎言可以瞒几年，但最终她知道了真相会不会更痛苦呢？或许因为在不知情的情况下引发的未完成事件给这个孩子带来的创伤会更大。生命教育本就包含死亡教育，也应该贯穿整个中小学教育。

或许可以先让家长转变观念，尝试从共情入手，引导家长回到理性思考，学校也给予这个孩子更多的情感支持，包括鼓励宣泄和构建情感联系，重新开启新生活这几个阶段，可参考某社工机构编写的《陪伴哀伤21天记录》或中国社会工作教育协会编制的《我的失去与思念49天——一本哀伤中的自我心灵陪伴手册》。如果家长完全无法沟通，我可能会这样回应：让这么单纯的孩子接受如此残酷的事实确实是很难的，我再与班主任老师一起探讨一下吧。我们可以尝试不急于按照家长的意愿解答，把问题暂时搁置。

我的思考与经验

103. 学生因亲人离世时常情绪低落，有自伤行为

适用对象：班主任、心理老师　　**适用场景**：辅导室

翁卓祺 回答

匿名 提问：我校有个学生，半年前该生的哥哥意外离世，家人都很受打击。这个学生正处于初中阶段，跟家人相处常有摩擦，时常因亲子关系而心情低落，有过割手腕的行为，但避开了关键部位，划痕不深但次数较多。寒假期间学生几次联系班主任述说心情不好，也自述会扇自己耳光。班主任建议其寻求心理咨询，该生拒绝。开学这几天班主任反映该生在校表现正常。请问面对这种个案我该如何入手辅导？

根据你提供的信息，感觉学生目前的"表现正常"，不一定是完全走出了之前的阴影，我们还是要保持密切的关注。

在这个个案中，班主任和心理老师的联动显得非常重要。虽然学生拒绝求助，但心理老师能做的事情也很多，比如：

1. 鉴于学生寒假联系班主任的举动，可以看出他们的师生关系不错。我们可以和班主任沟通，请他询问学生拒绝心理咨询的原因，表示共情、体谅和担心，尝试说服学生与心理老师面谈。

2. 如果学生继续拒绝，心理老师可选择写信、托班主任转告等方式与学生"隔空对话"，传递自己的善意，争取面谈的可能。

3. 由于学生有过自伤史，虽然避开关键部位，不以危及生命为目的，但也属于重点关注对象。我们可以通过班主任联系家长到校面谈，学生的自伤行为也是由于亲子关系方面的困扰，尽量尝试"曲线救国"。

我的思考与经验

104. 患有多动症的小学生在校学习时，老师可以提供哪些帮助？

适用对象：班主任、心理老师　　**适用场景**：教室、辅导室

王雅 回答

> **匿名 提问**：小学多动症学生，已在医院就诊、服药，同时通过校外心理机构辅导，作为学校的心理老师我们需要做什么？注意什么？

我们可以从以下几个方面着手：

1. 跟进了解学生的就医情况。与家长保持密切联系，了解学生的病情、治疗情况以及药物使用情况等。同时，与外部心理机构的工作人员保持沟通，了解学生的心理状况和辅导进展，并在此基础上，做好"一生一案"的记录。

2. 提供适当的支持。在该生的在校学习和生活中给予适当的支持和帮助。例如，班主任可以为学生安排一个安静的学习环境，提供一些有助于集中注意力的学习工具等。

3. 制订个性化的学习计划。根据学生的特点和需求，制订个性化的学习计划。这可以包括适当的学习任务、时间安排和奖励机制等，以帮助学生更好地适应学校生活。但这需要老师具备制订IEP个别化计划的能力。

4. 关注学生的情绪和社交发展。多动症儿童往往在情绪和社交方面存在一些困难。不知道你所在的学校是否有可以辅助支持和引导学生的驻校社工或资源教室？如果没有，单靠班主任或心理老师，想关注到个案的情绪和社交发展是有些困难的。

5. 培养良好的班级氛围。通过班级活动和日常交流，营造一个友好、包容的班级氛围。鼓励学生们相互支持和理解，减少对多动症儿童的歧视和排挤现象。尤其不能有排挤、取笑和欺凌的行为。

6. 与家长保持定期沟通。定期与家长沟通，了解学生的情况，分享学校采取的措施和建议。同时，鼓励家长积极参与孩子的治疗和辅导过程，共同促进孩子的康复和发展。

需要注意的是，多动症是一种复杂的疾病，需要综合治疗和长期管理，且年龄越大越难干预。小学之后，学校与家庭的重点在于积极配合执行好医疗机构制定的治疗方案，以帮助学生最大限度地改善症状并提高生活质量。

【写给班主任的温馨提醒】多动症儿童在校期间可能在课堂纪律遵守、同学相处等

方面出现问题，需要班主任与各科任课老师沟通，同时可用代币制等正向行为的策略引导该生养成良好的行为习惯。

同行补充

冯荫： 小学多动症学生可塑性是很强的，通过家校合作、给予药物和行为训练，多动症孩子随着年龄的增长会与其他孩子的差异性变小，甚至会有精力旺盛、运动能力突出等优势显示出来。

针对孩子，重点教育的内容有：①合理表达情绪、训练情绪；②通过游戏训练等增加自控力；③时间管理，养成比较固定的生活作息；④任务管理：有步骤有计划地做事，养成条理性；⑤学会和同伴交往。

除此之外，可定期回访家长，侧重于孩子的进步和习惯养成方面（可适当描述其不符合班级规定的行为，但不要作评价，不增加家长的焦虑）。提醒家长调适情绪、教给孩子有效的人际交往技能；提醒家长，要在小学阶段集中解决（大幅减轻）多动症状，否则青春期问题更易复杂化。多给家长加油、鼓劲，用心、耐心做好家校合育。

补充知识点

目前业内针对多动症已被肯定的干预治疗方式有药物治疗、家庭教育指导、行为管理策略、认知行为治疗等，此外，通过学习辅具的介入，也能在学习上提供帮助。

1. 药物治疗：医生判断多动症儿童是否需要用药，主要是看多动的问题对生活适应所造成的影响。通过药物，可以减少孩子面对学习的挫折感，通常药效时间可能是孩子学习正确方法的最好时间。

2. 家庭教育指导：协助家长接受孩子是多动症儿童的事实，并科普相关知识，持续协助他们使用正确的策略引导孩子。

3. 行为管理策略：行为管理的介入方案，可从行为前的刺激（如课程时间安排、教室环境布置等）、个人内在问题（找出孩子的问题行为，是逃避还是自我刺激？训练孩子用正确的方式得到同样的功能），以及行为反应（借由不同的增强制度，如给予或剥夺正增强、负增强等，建立孩子的正向行为）三方面进行调整。因多动症儿童在学习时属于低警觉型，需要的刺激量较一般人高，所以在教学过程中立即提醒、立即回馈的机制建立非常重要。教师可将行为策略一条条列在纸上，当孩子不专注时，适时地提醒孩子，让他进行自我评估，检验自己是否已达标准，提醒方式也可从放声思考进而到心中默想。

4. 认知行为治疗：强调让个人通过内在语言来控制自己的行为。最重要的技术是对自己说话，进而达到自我控制。自我控制的步骤为：自我评估、自我评价、自我记录、自我增强。

5. 学习辅具介入：在回答式表达的教学训练上，可用"语音沟通板"作为多动症儿童的学习伙伴，教师可事先将问题一一录制在语音沟通板内，再让孩子根据问题思考，并给予充足的时间，让他作后续的回答。另外，针对其低警觉性的学习特质，教师也可事先录制文章或故事内容在语音沟通板内，让孩子根据自身的状况调整学习速度，不用在一旁重复念给孩子听，造成孩子的压力与挫折感。

我的思考与经验

105. 三年级男生行为举止像幼儿园的孩子，喜欢抱和摸别人，和他沟通很吃力

适用对象：班主任、心理老师　　**适用场景**：教室、辅导室

冯荫 回答

匿名 提问：三年级男生，行为举止、思维方式和同龄人完全不同，表现迟缓，好像幼儿，喜欢抱、摸他人，没有性别意识。我和班主任都曾和他私下沟通过。近期，他不仅喜欢抱人还很频繁地触摸同学隐私部位，并暴露自己的隐私部位给女同学看。老师和他沟通时他好像完全听不懂，也和家长沟通过孩子在学校的表现，但没有什么改观。他经常在上课时大叫、唱歌、手舞足蹈，经常站不稳、手一直举在空中，还经常抱、靠、枕同学。请问面对这样的孩子我该怎么办？

听您的描述感觉该个案是特殊儿童，应该伴有发育迟缓。孩子的状况是否有相关的专业诊断？家庭功能是否健全？如果他是最近出现的触摸行为，可以向家长了解情况，

是否因近期受不良信息影响所致。如果学生一直以来都是这样，心理老师和班主任要一起组织家长会谈，必须家校合力才能纠正这个不良行为。

因为个案年纪小，认知、表达能力有限，建议用行为改变的措施。首先，收集、梳理他发生问题行为的前因后果。例如无聊时，自己没有成就感时，可能是他发生问题行为的情境，尽量从改变环境等外因进行调整。家校要统一意见：采用口头、行为等方面制止不良行为。可以制作卡片、提示语等视觉提醒的方式进行制止。在学校通过培养班干部（例如"融合小天使"）进行干预。此外，组织学生带个案一起游戏、参与手工等丰富个案的业余时间，转移注意力。如果在干预过程中个案发生问题行为的频率、程度有所下降，给予物质或精神鼓励。如果没有进步，再找原因，调整策略，必要时用青蛙跳、跑步等方式作为惩戒，宣泄多余的精力和能量。

我的思考与经验

106. 四年级学生焦虑、中度抑郁，尚未确诊，家长迫切想让孩子复学

适用对象：心理老师　　　**适用场景：**辅导室

闫芳 回答

匿名 提问：我是新入职的心理老师，有个四年级学生，之前出现过伤人行为，后来去医院看病并休养了一段时间。学生在医院做过测试，汉密尔顿焦虑量表显示"肯定有焦虑"，抑郁量表显示"中度抑郁症状"，焦虑自评量表显示"轻度焦虑症状"，抑郁自评量表显示"无明显抑郁症状"。

现在这个学生的家长非常急切地跟班主任说想让孩子复学，班主任鉴于孩子目前的情况认为还不能复学。请问孩子可以复学吗？有没有相关政策文件和法律条文对此有规定？学生复学的流程应该怎样制订？作为心理老师的我应该注意什么？

四年级属于义务教育阶段，我们没有剥夺学生受教育的权利。目前没有官方文件针对这样的学生做具体要求，均为各个学校自己根据情况判断。如果这个学生之前出现过伤人行为，我们可以从学生自身和其他人的安全角度出发，规劝父母安心治疗，待病愈后再返校复课。

学生有可能在自评量表中隐瞒真实情况，所以会让结果并不真实。如果家长坚持让学生返校复课，那么心理老师要做一个评估，对四年级的学生最好采用面询方式，对学生目前的情绪状态和心理健康水平做个基本了解，并填写《学生返校心理状况评估意见表》，表格需要学校相关部门领导签字。此外，学校要和父母签订《在校安全责任书》，明确学生返校后的安全责任归属。返校前心理老师一定要提醒班主任，平时多关注学生的情绪状态变化，同时为学生建立特殊关爱台账，定期做好追踪回访，直至学生毕业。

同行补充

彭超（高中专职心理教师、硕士，曾获烟台市心理健康优质课一等奖、烟台市高中心理健康教育在线优质课程资源一等奖）：作为心理老师可以先向班主任了解学生在班级中的表现，曾经出现过几次伤人情况，当时的情况是怎样的，学生与同学和老师的关系如何等等。如果有机会也可以与学生进行一次咨询，询问学生当前的想法。由于学生确实存在伤人行为，所以可以从安全角度给予家长建议，先调整学生的心理状态，在保证自身以及周围同学的人身安全的前提下再考虑学业问题。如果家长不同意休学，则要与家长签订《知情同意书》，明确学生在校风险。同时将该生作为重点关注对象记录在案并开展日常咨询辅导，可以采用行为疗法强化学生的正向行为，减少攻击行为。如果孩子的家庭教育存在一定问题，也要争取家长的配合，帮助家长改善教养方式，从而使得孩子能有根本改善。

李宁：只要医院没有给出明确的住院休学建议，学生就有权复学。可以请家长找医生开具最新的病情说明、用药说明，学校复印存档备案。心理老师需要关注学生的情绪状况，定期跟进，从情绪调节、社会交往等方面予以引导，帮助该生尽快适应复学后的生活和学习。后期需要定期评估学生的危机状况，如有变化，需要及时告知监护人。

我的思考与经验

107. 高二学生失眠数月，自己找医生开药吃但不接受心理治疗

适用对象：班主任、心理老师、家长   **适用场景**：辅导室、家庭

安夏 回答

匿名 提问：高二男生自述已经失眠两三个月，前几天因为太难受去县城医院就诊，吃了医生开的两片药，结果在课堂上睡着了，老师怎么喊都不醒。老师把他送去医院，8个小时后才醒过来。医生建议他去看专门的心理科，但是学生拒绝承认自己有心理问题。作为学校的心理老师应该如何疏导？

当前最重要的工作是引导家长及时转介。学校应该通知父母尽早带孩子去睡眠科或心理科就诊。老师要尽可能提高学生和家长的就医意愿，这是你当下辅导的第一目标。

要做到这一点，不是非得要学生承认自己有心理问题，而是引导学生去排除，只有尽快排查，才能找到正确的解决问题的方法。孩子没法接受自己有心理问题，我觉得很正常，在他的认知范畴里，失眠可能是生理因素导致的。至于现在是生理因素还是心理因素，心理老师没有诊断权，不要轻易下结论。你可以建议他去精神专科医院或综合三甲医院的睡眠专科就诊。要告诉学生，睡眠问题有生理因素也有心理因素，不能简单判定孩子有心理问题；另外，即便是看心理医生，也会第一时间先安排身体检查，先排除生理因素，再做诊断的，所以要相信医生。最重要的是他现在因为失眠感到很难受，所以也希望尽快找到可以缓解自己失眠的方法。

至于家长方，可以这样沟通：为了避免孩子因为睡眠问题乱吃药，或者本该按照医嘱定量定时服药，却为了尽快入睡而服药过量（这些情况都是有可能的），所以要尽快带孩子去适合的专科门诊就医。之前学生是在课堂上昏睡，如果发生在回家路上，就太危险了。要提醒家长重视孩子的生命安全。

我的思考与经验

108. 高一学生中度抑郁，之前状态稳定，现有反复

适用对象：心理老师、班主任　　**适用场景**：辅导室

闫芳 回答

匿名 提问：我校有一名确诊为中度抑郁的高一学生，之前状态趋于稳定，现在状况有所反复，该生是否适合继续在校住宿、上课？因为我是这个学校新入职的心理老师，来之前她已经确诊，也有固定的心理医生。我应该怎样开展工作？如果不能在校住宿、上课，我应该从哪些方面与家长沟通？

如果孩子目前在学校正常上学、正常住宿，作为新入职的心理老师不要去干涉学校的安排，但是这个学生的情况一定要和领导汇报，还要定期回访学生家长，沟通情况。为学生建立个人台账，留好咨询记录，提醒家长定期带孩子复查，也叮嘱班主任关注学生的情绪变化。

如果学生经常出现情绪失控的情况，不适宜在校学习或者住宿，及时告知学校领导，并建议家长带孩子跟进治疗，并签署《安全责任书》，待专业医疗机构出具返校复课证明或者康复证明后方可返校。

在和家长沟通时，建议学校领导和班主任共同参与会谈。首先要表明学校是从学生的身心健康发展的角度考虑，建议离校治疗。不要让家长认为学校在推卸责任。其次要和家长说明，心理老师没有诊断和治疗的资质，一定要遵医嘱，心理老师的辅导只能是辅助性的。

如果学生发生自伤自残自杀或者伤害他人等危机事件，一定要启动危机干预程序，家校共同解决孩子问题。

同行补充

刘冰（高中专职心理教师、华中师范大学心理学硕士、国家二级心理咨询师、区教研室成员）：1. 我们可以建议班主任利用文体活动帮助学生获得信心、自我价值感、心灵愉悦感等。在与学生相处中，要以接纳、开放的态度看待抑郁症，带动班集体成为一个包容、积极的团队。

2. 在与家长沟通时，我们可以跟家长聊一聊抑郁症是什么，也可以与家长一起探

讨可能导致孩子抑郁的可能原因，如家庭环境、学习压力、社交问题等，深入了解这些因素有助于更好地理解孩子的心理需求，并在后续的陪伴中提供有利于孩子恢复的帮助。帮助家长了解面对孩子抑郁时应该怎么做。例如要坚持经常性地表达关心，倾听孩子在经历抑郁时的心声；可以通过重复来概述孩子所说的话，让孩子感到被倾听和理解；向孩子表达希望，如"不管是通过吃药还是接受心理辅导，总有一些办法可以帮助我们，我们一起试试看"；鼓励孩子邀请亲密的朋友来家里玩或者和同学出去活动；带孩子参加一些兴趣活动或公益活动等。

我的思考与经验

---

109. 高一学生目睹车祸后一直哭，第二天仍感到难受

适用对象： 班主任、心理老师　　　**适用场景：** 教室、辅导室

王雅 回答

匿名 提问： 我是一名新入职的心理老师。我校有个高一学生目睹了一场车祸，现场惨不忍睹，当时她就被吓哭了。第二天她还是感到很难受，班主任让她来找我咨询，请问我该怎样对她疏导和建议？

我们可以尝试以下几种做法。

1. 倾听与同理。倾听与陪伴是最好的方式，当她讲述有关创伤事件时，你不要太过于担心，专注倾听。使用情感反应、内容反应的技巧，让她感觉到你的同理，愿意跟你倾诉更多的感受。

2. 宣泄情绪。一方面，提供安全的环境，让学生放下顾虑，坦陈感觉与情绪，哭泣是很好的发泄方式。另一方面，也可以适当自我暴露，聊聊自己的感受，让她明白她现在的感觉和情绪都是正常的。

3. 支持与陪伴。了解让孩子感到安全的地方，以及可以依靠的家人、朋友，尤其

是出现害怕、焦虑的时候，能有人陪伴。

4. 鼓励学生回到正常的生活。和学生商量，尽可能地回归学习、生活，规律的生活可以让孩子分心，容易从情绪中走出来。

5. 注意情绪变化。如果情绪持续低落，社交、学习等严重受损，或者出现严重的心理问题，如创伤后应激障碍，建议及时转介。

值得提醒的是，我们要避免否认学生感受的话语，比如："这都不是你的亲人，跟你没关系""你不用这么伤心，很快就过去了""世事无常，你反应过激了"，等等。危机干预的现场心理疏导需要很多心理咨询方面的技能，建议你系统学习，避免遇到更复杂的情况时无法应对。

补充知识点

创伤后应激障碍：是一种精神障碍，表现为个体在经历、目睹或遭遇涉及自身或他人的实际死亡、受到死亡威胁、严重受伤、躯体完整性受到威胁或心灵上的胁迫等事件后，延迟出现和持续存在的心理失调。

我的思考与经验

---

110. 前女友去世后男生感到很愧疚，难以走出创伤

适用对象：心理老师　　　**适用场景**：辅导室

闫芳 回答

匿名 提问：最近遇到一个个案，自己能力有限，不知道如何对这个个案进行辅导。请教各位老师帮忙提一点意见，如何让个案缓解现在内疚自责的情绪，接受现实，从这个事件中走出来。个案是个高三男生，高二时交过一个女朋友，女生的家境、生长环境都不错，不会无理取闹，也很理解男生。当时年纪小不懂如何相处，男生贪玩，和

其他女孩搞暧昧，两人分分合合六次，高三时分手了，女生去了重庆。但是男生一直对这件事感到愧疚，因为女生一直瞒着男生有关她患了骨癌去重庆住院治疗的事实。直到上个月女孩的爸爸打电话，才把事情全部告诉了男生，但女孩在这通电话的前几天就已经去世了。因此，男生现在很愧疚，接受不了这个事实，想不通是为什么，觉得女孩对自己很不公平。此事过后，男生对别人的示好有应激性的反感。

对于这个来访者来说，前女友的去世是个难以走出来的创伤事件。一是因为他的愧疚，而愧疚源于心底的善良和深情，这点是应该让来访者自己认识到的。二是因为在这段关系里他是有遗憾的，有话没有机会说，有感情没有得到反馈。

丧失是人生的常态，而我们应该学着去面对它。首先，应该直面丧失，允许不良情绪的存在，甚至可能很长一段时间都存在。并鼓励来访者通过恰当的方式将不良情绪表达出来，如倾诉、哭泣、运动、呐喊、艺术创作等。其次，可以通过冥想或者写信的形式让来访者进行一次告别仪式，和前女友告别，也和过去不成熟的自己告别，今后带着女孩和自己的双份心愿高质量地生活。最后，可以鼓励来访者做适当的心理弥补，看描述女孩父亲和来访者关系不错，可以保持联系，今后女孩家里有需要帮忙的时候积极给予帮助，用行动弥补心理的亏欠。

面对充满遗憾的丧失，愧疚和懊恼是正常的情绪，鼓励来访者接纳现实、积极面对，并努力成长为更好的自己。

同行补充

翁卓祺：按照你提供的信息，对这个男生进行心理辅导确实有一定难度。这个事件哪怕放在成年人身上，都是比较大的创伤，何况是涉世未深的高中生。

首先，我们可以考虑从创伤的角度开展工作。比如，可以使用稳定化技术，通过心理教育，告诉学生遇到这样的事情，内心有很大的波动，包括自责、愧疚等情绪，都是非常正常的，属于人类本能的应激反应，引导他表达、接纳这部分情绪。

其次，重要他人的去世，我们可以借鉴哀伤的工作角度，从否认、愤怒、讨价还价、消沉、接受这五个阶段和他慢慢讨论，让疗愈逐渐发生。其中，某个阶段可能会重复、倒退，这都是正常的，我们尽量给予学生足够的空间，去容纳所有的可能性，这也是所谓的"抱持"。

李南（高中专职心理教师、硕士、国家二级心理咨询师、山东省心理健康教育先进个人）：首先，心理老师要考虑到自身能力是否胜任的问题。了解自身知识的局限，咨询风格是否匹配。承认自己的局限，认清自己个人的限制与专业的限制是一项基本的道德原则。

其次，咨询师要遵守职业责任。基于科学，在专业界限和个人能力范围内以负责任的态度开展咨询，并不是所有的来访和问题都适合我们，我们作为一名心理辅导老师也有自己擅长和不擅长的，应在自己专业能力范围内，根据自己所接受的教育、培训和工作经验，为适宜人群提供科学有效的专业服务。

再次，考虑转介。如果评估发现来访者的症状和问题超出了我们的应对能力，或者引发了严重的反移情，比如超出了自己的能力范围，出现了严重的价值观冲突，与我们自身的特点和经历有关等等，可以提供必要的转介协助。

📝 补充知识点

1. 心理学中的丧失：指在个体的生活中经历重大的失去，包括物质、情感和人际关系上的损失。一般包括物质丧失、人际关系丧失和自我价值感的丧失等。个体面对失去的事物，负向情感会产生愤怒，而正向情感则会产生内疚。当内疚心理投向个体内部时，就会产生压抑和负罪感。

2. 移情：指求助者把对父母或对过去生活中某个重要人物的情感、态度和属性转移到了咨询师身上，并相应地对咨询师做出反应的过程。

3. 反移情：是与移情类似的一种情感或情绪反应，只不过它发生在咨询师而不是来访者身上，是由于咨询师的需要而非治疗关系或来访者的需要而产生的无意识情绪或行为反应。

我的思考与经验

后 记

这本书的出版是一次知识共创的实验

本书内容的前身,来自心理老师成长联盟的导师问答库。我们相信一点:向有经验的人请教,能够少走许多的弯路。前辈的经验,可以让我们避开许多坑,省下许多试错的时间。有时候,我们一直深受其苦的问题,其实在别人那里,不过是一句点拨就能解决的。学校场景下会遇到的学生心理困扰越来越复杂,光靠个人去不断"碰壁"后总结经验,有时候效率真的不高。如果想快速成长起来,至少你需要明确努力的方向,做对的事;然后是请教同行前辈的工作思路,学会如何开始;最后才是不断学习各种专业的技能,补足和积累如何具体沟通和辅导的能力。

因此,就有了这场知识共创的实验。本着来源于一线、服务于一线的理念。我们从心理老师成长联盟过去三年同行提问的上千条问题中,挑选具备代表性的22类心理问题或困扰,交由一线导师来回答。在这个过程中,把过往同行补充过的回答也整理其中,让大家能够在同一个问题看到不同人给出的不同视角。这些心理案例,相当于一个数据库,能够让阅读的老师快速建立一个经验框架。

感谢所有提问的一线老师,不管是班主任、心理老师、德育老师、地方教研员、驻校社工还是行政领导,你们遇到的困难,将为同行老师们提供许多行业积累的经验,这些经验,也将极大帮助到看到本书的读者,看到学校心理工作不容易和不为人知的一面。

感谢白东、陈曦、陈文镕、黄珊珊、刘冰、杨翠、忠霭、李南、彭超、秦荣彩、邓秀平等老师,本书采纳了部分你们回答的问题。

感谢遇到各种心理困扰,依然能选择主动求助的学生和老师们。是你们的主动"暴露",让我们知道主动求助并非一件难以启齿的事,反而是勇敢、有能力的表现;你们的遭遇让我们看到了儿童青少年的心理问题的背后成因有多么复杂;是你们同样的问题不同的表现,让我们能快速辨别出问题的本质和共性的解决思路是什么,帮助更多心理老师快速成长起来。

因为时间仓促,本书难免有一些遗憾和缺陷。但本书并非完结。希望一两年后,我们能为你带来这本书的2.0版本。届时,我们将探索更丰富的知识共创方法,让更多的老师能参与进来共创,做一本属于我们心理人独有的书!如果你有关于本书的更多设想和建议,欢迎通过邮箱bd@qnxsx.com与我们联系。

注：本页为心理老师成长联盟会员老师的致谢页（名字按字母排序）。感谢你们！愿我们一

一起成为光，照亮怕黑的人。